insel taschenbuch 4930

Rita Kohlmaier

Frauen 70+

»Das Buch ist eine großartige Hommage an eine Generation von Pionierinnen.« *dpa*

»70 and female is the new cool«, schrieb jüngst die *New York Times* über diese großartige Generation der Frauen über 70, über Frauen, die sich mit Energie und Kraft Gehör verschaffen und durch ihre Haltung inspirieren: Sie sind längst in der zweiten Lebenshälfte angekommen – und aufrecht, ehrgeizig, willensstark. Sie sind entschieden in ihrer Haltung wie die verstorbene Richterin Ruth Bader Ginsburg, sie sind Kämpferinnen wie Erika Pluhar und Tina Turner, und für sie alle ist »unbequem« zu sein ein Kompliment. Viele der Frauen sind Kult, sie sind Wegbereiterinnen und immer Vorbilder. Frauen, die wissen, wer sie sind, was sie geleistet haben und morgen noch bewegen können. Frauen, die cool, rebellisch und klug oder manchmal auch »schräg« sind, die ihren eigenen Kopf haben. Sie alle sind Frauen, die uns viel zu sagen haben.

Mit Juliette Gréco, Ruth Bader Ginsburg, Jane Fonda, Charlotte Knobloch, Letizia Battaglia, Erika Pluhar, Herlinde Koelbl, Margaret Atwood, Tina Turner, Vivienne Westwood, Nancy Pelosi, Annie Ernaux, Élisabeth Badinter, Elfie Semotan, Alice Nkom, Marina Abramović, Helen Mirren, Carla Del Ponte, Shirin Ebadi, Marianne Birthler.

Rita Kohlmaier, seit den Achtzigerjahren als Journalistin unterwegs (u.a. für *Spiegel Online* und *Vogue*), liebt Menschen und ihre Biographien. Vor allem aber Frauen, die etwas wagen und bewegen, die aufrecht und solidarisch sind.

Im insel taschenbuch liegt außerdem vor: *»Ich habe etwas zu sagen«. Frauen, die das Wort ergreifen* (it 4887).

RITA KOHLMAIER

Frauen 70+

COOL
REBELLISCH
WEISE

Von Nancy Pelosi *über*
Helen Mirren
bis Élisabeth Badinter

Mit einem Vorwort von
Iris Berben

INSEL VERLAG

Die vorliegende Ausgabe wurde leicht gekürzt.

Gewidmet
meiner Mutter Elisabeth

Klimaneutral
Druckprodukt
ClimatePartner.com/14438-2110-1001

Erste Auflage 2022
insel taschenbuch 4930

Umschlaggestaltung: Rothfos & Gabler, Hamburg
Druck: Pustet, Regensburg
Printed in Germany
ISBN 978-3-458-68230-1

www.insel-verlag.de

70 and Female Is the New Cool

The New York Times

INHALT

»Ich bin jetzt mit einer Minute vor 70 so, wie ich mit 18 und 20 war: Die *RADIKALITÄT* ist wieder zurück!«

Iris Berben

Ich habe einige der Frauen im Buch persönlich kennengelernt und mich immer hingezogen gefühlt zu diesen Frauen, die so eigen und unverwechselbar waren und sind

Es ist eine schöne Aufgabe, für ein Buch über Frauen ein Vorwort zu schreiben, zumal, wenn diese Frauen 70 Jahre plus sind, und sie ihr gesellschaftliches und politisches Engagement – noch immer oder gerade jetzt – mit so großer Leidenschaft vertreten. Mir scheint, als wäre es eine Leidenschaft, die eine bestimmte Lebenserfahrung und Reife geradezu voraussetzt.

Die Frauen in diesem Buch haben jedenfalls alle, so unterschiedlich sie sein mögen, eine Haltung, die sie furchtlos öffentlich vertreten, und viele von ihnen sind mit dem Alter kompromissloser und vielleicht auch radikaler geworden. In den USA sehen wir gerade, wie die 1940 geborene Nancy Pelosi als Sprecherin der Demokraten den amerikanischen Präsidenten täglich herausfordert und aus der Fassung bringt. Juliette Gréco habe ich mit Anfang zwanzig live in Venedig gehört, zu Tina Turner tanzte ich völlig losgelöst auf dem Stuhl. Sie war so bejahend, kraftvoll und auch so sexy. Ihr Leben war voller

Gewalt; sie hat sich befreit. Eine Frau, die sich ihr Leben zurückgeholt hat.

Einige der Frauen im Buch habe ich selbst kennengelernt, so Helen Mirren und Jane Fonda. Vor dem ersten Treffen hatte ich großen Respekt. Nicht nur, weil ich die Arbeit der Frauen vor der Kamera schätze, sondern auch ihre Haltung zu bestimmten gesellschaftlichen Fragen. Bereits nach einer halben Stunde saßen wir alle auf dem Boden und haben über die aktuelle Politik gesprochen. Wir haben überlegt, wo wir uns verbinden könnten, um Dinge zu verändern. Mit solchen Frauen sitzt man gerne auf dem Boden, redet, diskutiert, lacht und möchte mehr erfahren, und jede einzelne gibt mit ihrer Biografie die Anregungen dafür.

Mein erstes Vorbild war meine Großmutter. Sie hat mir Menschlichkeit und Mitmenschlichkeit vermittelt, eine gläubige Katholikin und ein kritischer Geist. Sie hat das Leben angenommen, sie war pragmatisch, konnte grenzenlos zuhören und Vertrauen schenken. Sie hat mich geprägt, und mit diesen wunderbaren Charakterzügen bin ich großgeworden. Die musste ich mir nicht erarbeiten oder abschauen. Meine Großmutter war mein Leuchtturm und sie leuchtete den Weg aus, auf dem ich gehen konnte.

Mit meiner Mutter bin ich als Kind nach Portugal gezogen und habe früh andere Lebensformen kennengelernt. Meine Mutter lebte ein selbstbestimmtes Leben, das war in den 1950er Jahren außergewöhnlich. Diese Sehnsucht, Neues, Anderes und Fremdes nicht als Bedrohung wahrzunehmen, sondern zu verstehen, habe ich durch sie und in einem fremden Land erfahren.

Die Prägungen durch meine Großmutter und Mutter sind vielleicht der Grund, warum ich mich immer zu Frauen hingezogen fühlte, die eigen waren, und sicher auch dafür, warum ich mir viele Dinge zugetraut habe.

In den 1960er Jahren waren wir alle stark politisiert und rebellierten. Es ist das Vorrecht der Jugend, Dinge in Frage zu stellen. Gleichzeitig erlebten wir Frauen männliche Dominanz und Machtstrukturen, auf die wir heute zum Glück anders reagieren. Frauen sagen heute sehr deutlich, warum sie etwas gerne tun und warum nicht. Dabei mussten Frauen, und vor allem auch diejenigen, die in der Öffentlichkeit standen und stehen, immer stark sein, aber das bedeutet eben auch, Schläge einstecken zu können. Stark zu sein ist nicht automatisch mit Erfolg verbunden.

Die Lebensgeschichten der Frauen im Buch erzählen auch von diesen

Schlägen und davon, wie sehr Frauen Erwartungen erfüllen mussten, die oft nicht ihre eigenen waren. Auch ich habe »geliefert«. In einem bestimmten Alter blickt man auf die Summe dessen, was man zugelassen hat, aber ich stelle fest, dass durch die Rückschläge viel Kraft freigesetzt wurde.

Ich bin jetzt mit einer Minute vor 70 so, wie ich mit 18 und 20 war: Die Radikalität ist wieder zurück! Dabei ist es nicht einfach nur schön, alt zu werden. Es ist auch Schmerz und Wehmut dabei. In der Jugend war das Blatt noch leer. Das ist spannend, ein leeres Blatt zu füllen, mit seinem eigenen Leben. Doch auch im Alter kann und darf man wieder anarchistischer werden.

Manchmal muss man lange Wege und Umwege gehen, damit man sein Glühen erkennt. Es ist so viel leichter, sich einem Diktat unterzuordnen, als sich selbst anzunehmen und auszuhalten. Es ist so viel besser, wenn man sich selbst verteidigt – als ein Bild, dem man entsprechen will. Man ist die Summe all seiner Erfahrungen, ohne dass es ein Fazit ist.

Wir leben in einer Zeit, in der Frauen mehr gehört werden und ihre Geschichten sichtbar gemacht werden. Wir haben großen Nachholbedarf. Nun geht es um die Frage, welche Botschaften wir selbst vermitteln wollen. Wir stellen fest, dass alles fragil und nicht selbstverständlich ist. Wir müssen unsere Errungenschaften, unsere Freiheit, unsere Demokratie immer wieder verteidigen. Wir müssen mitmischen, uns einmischen und unsere Bedürfnisse artikulieren. Wir dürfen individuell sein und unsere Ziele benennen. Viele Frauen sind gerade mit 70 plus so aktiv und kompromisslos wie nie zuvor.

Das Leben ist so eine schöne Reise, und Reisen kann auch bedeuten, nicht unbedingt anzukommen, sondern auf Reisen zu bleiben. Unterwegs wird man manchmal stolpern, müde sein, zweifeln, falsche Wege gehen, vermeintliche Abkürzungen nehmen. Das sollten wir zulassen. … Angstfrei zu sein ist die größte Freiheit, die es gibt. Ich habe keine Angst mehr, die eigenen Fragen und Unsicherheiten zur Disposition zu stellen, und ich denke, so geht es vielen Frauen in einer bestimmten Lebensphase.

Wir Frauen sind nicht mehr verschwunden im Alter. Geschichten sind nicht auserzählt, wenn man 40 ist. Im Gegenteil.

Iris Berben, Januar 2020

Frauen 70+

COOL *REBELLISCH* WEISE

Dies ist kein Buch über das Alter.

Dies ist ein Buch über das Leben. Das Leben mit seinen Höhepunkten und Tiefen, mit Neuanfängen und Durchhaltewillen. Das Leben von Frauen 70+. Frauen, die ihren 70. Geburtstag bereits gefeiert haben, vielleicht auch ihren 80. oder den 90., Frauen im sogenannten dritten Lebensakt. Ein Abschnitt, den sie gestalten, wie all die Jahre davor auch: voller Neugier, Freude, Witz und Optimismus. Gelegentlich getrübt durch Zweifel, Niederlagen, Verluste. Mit Haltung, Stil und, wenn nötig, mit Mut.

20 fabelhafte Frauen 70+ präsentieren wir in diesem Buch, Frauen voll im Leben, die eines eint: Sie gingen weiter, haben niemals aufgegeben, sondern immer wieder neu angefangen. Sie wissen, was sie wollen, sie bleiben sich treu und ihr Rücken blieb stets gerade. Ansonsten sind sie sehr unterschiedlich: Künstlerinnen, Intellektuelle, Juristinnen, Aktivistinnen, Politikerinnen, Unternehmerinnen. Schräg und verspielt, zielstrebig und verkopft, dramatisch und scheu. Die Auswahl dieser 20 Porträtierten ist rein subjektiv, die Liste derer, die hervorzuheben wären, ist lang – doch speziell diese Frauen möchten wir Ihnen gerne vorstellen, weil jede von ihnen für etwas ganz Besonderes steht, weil

jede einen besonderen Weg ging, weil jede eine besondere Sicht auf das Leben hat. Weil sie uns ganz besonders am Herzen liegen.

Alle diese Frauen könnten Vorbild und sollten Ansporn sein: Dafür, wie es gelingen kann, das Gute in sich zu entdecken, das Beste hervorzubringen und die eigenen Talente zu fördern, sich nicht entmutigen zu lassen, sondern, im Gegenteil, an sich zu glauben. Sich selbst die beste Freundin und eine treue Mentorin zu sein. Dafür, dass es auch mal egal sein muss, was andere von einem denken, und wie richtig es ist, dem eigenen Anspruch zu folgen. Und dafür, dass ein Leben ohne das Ich-Ich-Ich funktioniert, dass Solidarität mit anderen Menschen, mit der Natur, mit der Umwelt das Leben bereichert. Auch das eigene. Und sogar die berufliche Karriere.

Was diese Frauen eint: die Bereitschaft zum Risiko und ein großes Selbstvertrauen

»70 and Female Is the New Cool«, titelte die *New York Times* Anfang 2019. Und nannte als Beispiel dafür, wie cool es neuerdings sein kann, 70 Jahre alt und auch noch eine Frau zu sein, allen voran die US-Politikerin Nancy Pelosi. Die schreibt wahrlich Geschichte – als mächtigste Frau der USA und als unerbittliche und dabei ziemlich coole Gegenspielerin des amerikanischen Präsidenten, gegen den sie in ihrem 80. Lebensjahr ein Amtsenthebungsverfahren in Gang brachte. Flankiert wird sie von ihren Parteifreundinnen Maxine Waters, die mit 80 Jahren und dabei als erste Frau sowie erster Politiker afroamerikanischer Abstammung die Leitung des Finanzausschusses im Kongress übernahm. Und von der Hochschullehrerin Donna Shalala, die mit 77 Jahren erstmals in den Kongress gewählt wurde – älteste Newcomerin aller Zeiten.

Auch das ist es, was die Frauen in diesem Buch eint: der Neuanfang, die Bereitschaft zum Risiko, die Bereitschaft, den bekannten Weg zu verlassen und dabei auf unbekannte Hürden, auf holpriges Gelände zu treffen. Im Vertrauen darauf, dass sie zurechtkommen werden. Und wenn nicht, einen neuen Pfad und einen neuen Sinn zu finden. Die sich nicht beiseiteschieben lassen, die rebellieren und Widerstand leisten, und die dennoch weise genug sind zu wissen, wann es richtig ist loszulassen. Wie Carla Del Ponte, Chefanklägerin am Internationalen Strafgerichtshof, eine der heikelsten und gefährlichsten Aufgaben, die die Justiz zu vergeben hat. Nach ihrer Pensionierung wurde sie von den Vereinten Nationen als Kommissarin zur Aufklärung von Kriegsverbrechen in Syrien berufen. Doch als sie erkannte, dass dieser Job zu nichts führen, den Menschen nicht helfen würde, trat sie zurück, nutzte den Schritt zur Anklage – und schrieb ein Buch über das Grauen, die Tatenlosigkeit der Weltgemeinschaft, den Machtpoker in Syrien. Ein – vorläufig – letzter Dienst für die Opfer des Krieges, der vielleicht mehr bewirkte, als sie mit ihrer offiziellen Mission erreichen konnte.

Nein, sie machen es sich nicht leicht. Und selbst diejenigen, die es bequem haben könnten, wählen die Herausforderung, mag sie auch noch so viel Kraft kosten. Élisabeth Badinter zählt zu den wohlhabendsten Frauen Frankreichs, Aufsichtsrätin von Publicis, einem global agierenden Konzern für Werbung und Kommunikation. Eine der fleißigsten Autorinnen ihrer Generation, veröffentlicht sie Bücher über das, was ihr wichtig ist: Feminismus und Historie. »Ich brauche die Arbeit.« Diese Entscheidung hatte sie in jungen Jahren getroffen, als sie in kurzen Abständen drei Kinder zur Welt brachte und mehrere Anläufe brauchte, zur gleichen Zeit ihr Studium zu beenden. Sie hatte das Ziel, Lehrerin zu werden, und sie hielt direkt darauf zu.

Die Frauen 70+, es ist die Generation der Frauen, die ihren Berufswunsch noch mit starkem Willen durchsetzen mussten. Die gläserne Decke, die es Frauen heute immer noch schwer macht, in Führungspositionen zu gelangen, war zu ihrer Zeit eine Decke aus Beton, schwarz angestrichen. Ruth Bader Ginsburg, Jurastudentin mit allerbesten Noten, fand nach dem Examen keine Anstellung in einer Kanzlei – weil sie eine Frau war. Dies war die offizielle und ungeschminkte Begründung für die Absagen. Sie suchte und sie fand ihre Chancen, und als sie es geschafft hatte, genoss sie den Triumph nicht still und vergnügt für sich allein. Im Gegenteil, sie nutzte jede Gelegenheit und berufliche Position, um anderen Frauen den Aufstieg zu ebnen, um Ungerechtigkeiten beiseitezuräumen.

Keine hat vergessen, welche Anstrengungen der Weg bisher gekostet hat

Solidarität und Komplizenschaft ist es, was viele der Frauen hochhalten und was sie ausmacht. Keine hat vergessen, welche Anstrengung es gekostet hat, den selbst gewählten Weg zu gehen, welche Steine ihnen vor die Füße gerollt wurden. Und so sind die meisten von ihnen auch bereit, über Ungerechtigkeiten und Erniedrigung zu reden. Nicht um zu klagen, sondern um zu zeigen, dass es lohnt, sich durchzukämpfen und dranzubleiben, um mit dem eigenen Beispiel andere zu ermutigen, sich nicht unterkriegen zu lassen.

Jane Fonda, schon in ihren Zwanzigern weltbekannte Schauspielerin, belohnt mit Glamour und Erfolg, spricht über die Bulimie, unter der sie litt, bis sie ein eigenes Bild von ihrem Leben, ihrer Zukunft, ihrem Körper entwickeln konnte. Erika Pluhar, Tina Turner, Vivienne Westwood berichten über ihre Ehen, die sie nicht nur zu viel Kraft gekostet haben, sondern über Jahre hinweg auch verzweifeln ließen, bis sie sich schließlich doch befreiten.

Ruth Bader Ginsburg, Jane Fonda, Juliette Gréco, Tina Turner berichten von ihren schweren Erkrankungen, die sie gequält haben und immer noch quälen. Die ihnen aber nicht den Mut nahmen, weiterzumachen und auf das Leben zu vertrauen.

Sie berichten von Unterdrückung und Verfolgung, von ihren Ängsten in Staaten und Systemen, die darauf ausgerichtet sind, vor allem auch Frauen zum Verstummen zu bringen. Marianne Birthler, Shirin Ebadi, Alice Nkom, Charlotte Knobloch haben widerstanden und schweigen auch heute nicht. Auf ihren Mut und ihre Solidarität ist unbedingt Verlass. Doch wie gesagt, die Liste derer, die hier zu nennen wären, ist lang.

Die Lebenserwartung der Menschen steigt, die Chancen auf ein langes, gesundes Leben nehmen zu. Bessere Medizin, bessere Ernährung, bessere Erkenntnisse darüber, was dem Körper und dem Geist guttut, der moderne Lifestyle hilft, fit und in Bewegung zu bleiben. Auch der Blick auf die unterschiedlichen Lebensabschnitte ändert sich. 70 ist das neue 50 – so wie 50 das neue 30 ist. Nicht für alle natürlich, aber die Ansprüche nehmen zu.

Und die Ehrungen und Auszeichnungen ebenfalls. Ob Oscar und Golden Globe oder Grimme-Preis und Berlinale-Bär, die Schauspielerinnen 70+ stehen im Fokus: Judy Dench, Glenn Close, Helen Mirren, Susan Sarandon, Maggie Smith, Meryl Streep genauso wie Senta Berger, Maren Kroymann, Hannelore Hoger. Sie schreiben von der Kritik gelobte, von den Lesern geschätzte Bücher, wie Joan Didion, Lily Brett, Annie Ernaux, Monika Maron, Donna Leon, Elfriede Jelinek, Alice Schwarzer, Patti Smith, Alice Munro und Margaret Atwood. Sie führen Unternehmen, wie Jil Sander, Friede Springer, Miuccia Prada, Martha

Stewart, Iris von Arnim und viele, viele mehr.

Doch Prominenz verpflichtet – zu Haltung und Engagement. Ihr Beruf und ihre Bekanntheit hätten ihr die Möglichkeit verschafft, sich einzusetzen, sagt Claudia Cardinale. Und das tut sie: für die Rechte der Frauen, die Rechte der Homosexuellen, mit Amnesty International gegen die Todesstrafe. Vanessa Redgrave kämpft für Flüchtlinge. Meryl Streep und Helen Mirren stehen gegen Donald Trump auf. Uschi Glas widmet sich benachteiligten Kindern. Joan Baez singt und marschiert für Bürgerrechte. Schimpansenforscherin Jane Goodall kämpft gegen die Zerstörung der Natur, Vivienne Westwood für Nachhaltigkeit und eine vernünftige Klimapolitik, so wie Jane Fonda auch. Sie arbeiten für eine bessere Welt und sie lassen nicht nach.

Der Lifestyle von heute: Auch Anna Wintour, die mächtigste Frau der Mode, ist eine der Frauen 70+

Ist es die immer größere Zielgruppe? Deren Kaufkraft oder Selbstbewusstsein? Oder ein geändertes Menschenbild, das neben gelebter Diversität erstmalig auch die unterschiedlichen Altersstufen als bemerkenswert anerkennt und beginnt, einem permanenten Jugendkult abzuschwören? Kamen die »Golden Girls« der Achtzigerjahre rein optisch noch beinahe bieder daher, so werben die »Silver Ager« von heute als Testimonial für Mode und Beauty – und dies für alle Generationen.

Joan Didion, gefeierte Intellektuelle und Schriftstellerin, wurde 2015 ausgewählt, dem französischen Luxuslabel Céline ein neues Gesicht zu geben, sie war gerade 80 Jahre alt geworden. Im selben Jahr modelte Joni Mitchell, 71, für Saint Laurent. Iris Apfel, Unternehmerin und Fashion-Ikone, schloss Anfang 2019 bei einer der renommiertesten Modelagenturen einen Vertrag ab, sie war 97 Jahre alt. Auch Carmen Dell'Orefice oder Eveline Hall sind mit weit über 70 als Model gefragt. Nicht um Praktisches für den »Best Ager« zu zeigen, sondern als umschwärmte It-Girls einer weltweiten Industrie, die vor allem die ganz Jungen zum Kauf verführen will.

Auch die mächtigste Frau der Mode, die Chefin der amerikanischen *Vogue*, ist eine der »70+«. Seit 1988 führt Anna Wintour das weltweit bedeutendste Modemagazin an, immer wieder hieß es, nun werde sie ihren Platz bald räumen müssen. Sie hat alle Konkurrentinnen aus dem Feld geschlagen. 2019, wenige Monate vor ihrem 70. Geburtstag, wurde sie zusätzlich zum Global Content Advisor ernannt, sprich: Sie berät auch andere Chefredakteure des Verlags, weltweit. Grace Coddington, ihre engste Mitarbeiterin, zog sich mit fast 75 Jahren aus der ersten Reihe zurück, um sich endlich auch eigenen Projekten widmen zu können. Die berühmteste Modekritikerin aller Zeiten, Suzy Menkes, feierte Weihnachten 2019 ihren 76. Geburtstag. Kein Grund, kürzerzutreten.

Ob geliftet, gebotoxt, mit Falten, geschminkt oder ungeschminkt – sie sind entschlossen, sich toll zu fühlen. Vielleicht nicht immer, aber ganz grundsätzlich. Die Farben Fahlgrau und Blassbeige, einst die Farben für Frauen eines gewissen Alters, haben sie abgelegt. Mit über 70, über 80 Jahren werden sie als Stil-Ikonen gefeiert, wie die Schauspielerinnen Diane Keaton, Lauren Hutton, Jane Birkin, Catherine Deneuve, um nur einige wenige zu nennen. Oder wie Richterin Ruth Bader Ginsburg, die mit Freude die unterschiedlichen Krägen und Jabots vorführt, mit denen sie ihren Talar am Obersten Gerichtshof von Washington schmückt. Spitze und Plissee, der Beruf mag der Richterin zwar eine wenig kleidsame Amtstracht verordnet haben. Doch niemand kann sie zwingen, darin farblos auszusehen.

Sie kennen das Gefühl von Woodstock und sie prägten die Hippie-Ära

Auch ihre britische Kollegin Brenda Hale vereint auf diese Art Haltung und Attitüde, demonstriert zugleich Würde und Vergnügen am Spiel mit Äußerlichkeiten. Als die 74-Jährige im Herbst 2019 mit strenger Stimme einen vermeintlich cleveren Schachzug von Premier Boris Johnson als illegal brandmarkte, trug sie auf ihrem schlichten schwarzen Kleid eine große, goldene Spinnen-Brosche. Sie liebe solche Accessoires, ließ sie später wissen, denn ein schwarzes Kleid allein wäre ziemlich langweilig. Früher hätte man sie wohl exzentrisch genannt. Obwohl – früher, also vor Brenda Hale, gab es keine Frau an der Spitze des Obersten Britischen Gerichts. Wie auch am Verfassungsgerichtshof in Wien, wo Brigitte Bierlein den Vorsitz am 2. Juni 2019 niederlegte, um am 3. Juni als erste amtierende Bundeskanzlerin Österreichs vereidigt zu werden. Drei Wochen später wurde sie 70 Jahre alt.

Früher, das war die Zeit, als es hieß, ab einem gewissen Alter verschwänden Frauen ganz einfach, sie würden für den Rest der Gesellschaft unsichtbar, es käme nicht mehr auf sie an. Bestenfalls seien sie immer noch da, womöglich noch aktiv, und sähen dabei für ihr Alter auch noch ganz passabel aus. Dieses Noch und Früher ist nicht allzu lange her.

Doch dann kam die Generation der Frauen 70+ von heute. Den Krieg und die Nachkriegszeit haben sie überstanden – wenn vielleicht auch nicht unbeschadet, so doch mit dem unbedingten Willen, aus ihrem Leben etwas Schönes und Sinnvolles zu machen. Sie haben es auf eine Art gestaltet, von der auch die Jugend heute profitiert. Denn sie wurden Teil der Friedensbewegung, sie gründeten Frauengruppen, Kinderläden und Umweltparteien, sie demonstrierten gegen den Vietnamkrieg, gegen Atomkraft und gegen das Waldsterben, sie kämpften für die Rechte der Frauen. Gleiche Bezahlung, das Selbstbestimmungsrecht auf Abtreibung, das Gesetz gegen Vergewaltigung in der Ehe, das Recht, einen Job nach Wahl anzutreten oder ein Konto zu eröffnen – es sind Errungenschaften, die sie erstritten und verhandelt haben. Und für die sie Männer gewonnen haben, ohne deren Unterstützung es nicht ging.

Wie Nancy Pelosi erlebten sie die Vereidigung eines Präsidenten Kennedy und können erklären, welche Hoffnungen damit verbunden waren. Wie Marianne Birthler wissen sie, wie eine friedliche Revolution organisiert, wie ein Unrechtsstaat weggefegt werden kann. Wie Margaret Atwood haben sie feine Antennen dafür, wenn Frauenrechte wieder kassiert werden sollen, wenn längst errungene Menschenrechte unter die Räder kommen könnten. Sie erfanden die freie Liebe, sie kennen das Gefühl von Woodstock, sie prägten die Hippie-Ära, sie trugen Petticoat, verbrannten den BH, beherrschen Twist und Rock 'n' Roll. Und gemeinsam mit Bryan Ferry, Mick Jagger und den Rolling Stones wurden sie ein wenig älter. Was kein Problem sein sollte. »Die Freude, eine Frau in ihren 70ern zu sein«, betitelte Mary Pipher Anfang 2019 einen viel beachteten Text. Selbst in den 70ern, schrieb die Psychologin und Autorin über ihre Frauengeneration: »Wir wissen, wie man einen guten Tag kreiert. Wir haben gelernt, jeden Tag Humor, Liebe und Schönheit zu erwarten.« Die französische Essayistin Perla Servan-Schreiber verfasste 2018 ein Buch (»Les promesses de l'âge«) zu den Verheißungen des Alters, das ihr eine neue Freiheit verschafft hatte: »Mit 75 Jahren liebe ich mein Alter. Ich habe mein Leben niemals so sehr geliebt.«

Sie definieren Mode: Iris Apfel, Model, und Anna Wintour, Chefredakteurin der *US-Vogue*

Natürlich gibt es ganz genauso junge Menschen, Frauen wie Männer, die das Leben mit Dankbarkeit betrachten, die Mumm und Witz beweisen. Natürlich sind Coolness, ein rebellischer Geist, eine Portion Weisheit kein Privileg irgendeiner Altersstufe. Und doch hat sich etwas verändert. Denn diejenigen, denen man nachsagte, sie seien, von wenigen Ausnahmen abgesehen, leider ältlich, fade, nicht mehr wichtig, sie werden längst gesehen und obendrein auch gefeiert. Weil sie sind, wie sie sind. Und das nicht nur, wenn sie mit deutlich über 90 Jahren und weit, weit mehr als ein halbes Jahrhundert lang in Würde ein Amt ausüben. Und so wie Queen Elizabeth II. der Welt beweisen, was Haltung sein kann.

Das letzte Wort soll die Künstlerin Yoko Ono, 1933 in Tokio geboren, haben. Denn auch sie weiß: »Manche Menschen sind mit 18 alt, andere sind mit 90 jung. Zeit ist ein von Menschen erschaffenes Konzept.«

GEBOREN AM 7. FEBRUAR 1927 IN MONTPELLIER – GESTORBEN AM 23. SEPTEMBER 2020 IN RAMATUELLE

JULIETTE *GRÉCO*

»Für mich ist jeder Augenblick der beste Augenblick meines Lebens.«

Legende des Chansons, Muse der Existenzialisten und ewige Streiterin für Unabhängigkeit und Freiheit

»Déshabillez-moi …« Schmal und aufrecht steht sie da, ganz still, die Hände an der Seitennaht ihres dunklen, schlichten Kleides ausgestreckt – »ziehen Sie mich aus … ja, aber nicht sofort, nicht zu schnell …« Seit einem halben Jahrhundert gehört dieses Chanson von Begehren, Zittern und Zartheit zu Juliette Grécos Repertoire, eine Hymne in jedem ihrer Konzerte. Mitte der Sechzigerjahre wegen seiner frivolen Ungeniertheit noch verboten, hat sich die Empörung über dieses Lied natürlich längst gelegt. Gebannt verfolgt das Publikum jedes Wort, jede Bewegung der zierlichen Frau mit der dunklen Stimme dort vorne auf der Bühne, die so selbstverständlich lustvoll und mit schelmischer Koketterie von Nacktheit und Entkleiden singt. Bravorufe, hingerissen springen die Zuhörer – darunter sehr viele junge Männer und Frauen – von den Sitzen, applaudieren minutenlang. Es ist nicht das erste Mal, dass die weltberühmte Chansonnière in München auftritt und fleht: »… ersehnen Sie mich, erobern Sie mich! …« Juliette Gréco ist zu diesem Zeitpunkt 87 Jahre alt.

2012 hat sie ihr Album »Ça se traverse et c'est beau« aufgenommen, auf dem sie im Duett mit der fast 60 Jahre jüngeren Melody Gardot und dem Rapper Féfé singt. Mit beinahe 90 Jahren war sie immer noch bestens im Geschäft, über die Generationen hinweg vernetzt, sie arbeitete mit ihren vertrauten Musikern, aber auch mit der jungen Generation, wie Benjamin Biolay und Abd al Malik.

2013 und 2015 veröffentlichte sie zwei weitere Alben. »Als Sängerin möchte ich weiterhin auf Entdeckungsreise gehen und neue Lieder kennenlernen. Und die jungen Textdichter schreiben für mich. Sie denken dabei an meine Eigenart, an das, was ich für sie repräsentiere. Und sie kennen die Kraft, die mich antreibt weiterzumachen.«

Muse der Existenzialisten, Königin von Staint-Germain-des-Prés, die schwarze Sonne von Paris – seit Juliette Gréco die Kellerclubs am linken Seine-Ufer und schließlich die Bühnen der großen Musikpaläste von Tokio bis Berlin erobert hat, wird sie zur Ikone stilisiert. Ihren ersten Auftritt hat sie im Paris der Nachkriegszeit, einer legendären Ära, deren düsterer Glamour und strahlender Geist bis heute nachwirken. Es ist eine Ära geprägt von Sehnsucht nach Leben, Freiheitswillen und wiedererwachter Freizügigkeit, in der Literaten wie Jean-Paul Sartre, Albert Camus und Simone de Beauvoir den Ton vorgeben und das Denken formen. Der Vordenker und spätere Nobelpreisträger Sartre war es dann auch, der der damals 22-Jährigen den entscheidenden Schubs gibt: »Gréco, wollen Sie nicht singen?«

Irgendwann im Frühjahr 1949, irgendwo auf dem Montmartre, nach einem Essen im Kreise von Freunden, habe er sich auf der Straße umgedreht und sie, die in seinem Tross mitlief, angesprochen. Immer noch ein wenig ungläubig beschreibt Juliette Gréco mehr als ein halbes Jahrhundert später in ihrer Autobiografie diesen ungewöhnlichen Beginn ihrer Karriere. Nein, wolle sie nicht, habe sie entgegnet. Doch ein Wort gab das andere und am Ende bestimmte Sartre: »Dann kommen Sie morgen früh um neun zu mir.«

Sie wurde erwartet. Von einem Stapel Bücher, »in dem kleine, weiße Zettel stecken. Die wiederum weisen den Weg zu den Gedichten, die er für mich ausgesucht hat«. Sartre arrangiert ein Rendezvous mit dem Komponisten Joseph Kosma und schenkt ihr das Chanson »La Rue des Blancs Manteaux«, das er für sein Theaterstück »Geschlossene Gesellschaft« gedichtet und selbst vertont hat. Wenig später schreibt er einen Text über »die Stimme der Gréco«: »Sie ist ein warmes, weiches Licht, das mit einem Funkenschlag die Flammen der Dichter entzünden kann.« Und der jungen Frau, die ohne jede Gesangsausbildung eine Weltkarriere als Legende des Chansons starten wird, ist klar: »Diese Zeilen waren wie ein Pass für mich. Mit ihnen hatte ich überall Zutritt. Mein Leben lang.« Prominente Denker wie Camus, Mauriac, Prévert, Aznavour,

Juliette Gréco und Miles Davis, eine kurze Liebe und lebenslange Verbundenheit

Françoise Sagan werden später ihre Texte schreiben. Über Sartre, ihren ersten und wichtigsten Mentor, sagt sie 66 Jahre später in einem Interview: »Er hat mir Flügel geschenkt. Und ich bin damit losgeflogen.«

Es war die Idee des Literaten Jean-Paul Sartre: »Gréco, wollen Sie nicht singen?«

Losfliegen? Sie hätte so leicht abstürzen können, in diesem Leben, das am 7. Februar 1927 in Montpellier begann und das eigentlich kein bisschen erwünscht war. Der Vater hatte nach Tochter Charlotte auf einen Jungen gehofft, die Mutter nannte sie später »die Frucht einer Vergewaltigung«, dann wieder »ein Findelkind«. Da waren die Eltern, zwischen denen seit Langem Krieg herrschte, bereits getrennt, die kleine Juliette fühlte sich als »Betriebsunfall«. Mit ihrer Schwester wächst sie mal bei den Großeltern auf, dann bei der

Mutter, dann bei Nonnen im Internat: »Je weniger ich geliebt werde, umso mehr schotte ich mich ab.« Sie entdeckt eine Einsamkeit in sich, die sie nie wieder loswerden soll und die ihr schließlich eine ganz eigene Freiheit verschaffen wird. Die Mutter, deren Stärke und Unbeugsamkeit sie wohl geerbt hat, und Schwester Charlotte arbeiten für die Résistance, und so gerät auch Juliette 1943 in die Fänge der Gestapo, wo sie Schikanen, Gewalt und sexuelle Erniedrigungen erleiden muss. Nach drei Wochen wird sie entlassen, 16 Jahre alt und auf sich gestellt, kommt sie bei einer Freundin unter. Dass Mutter und Schwester nach Deutschland in das Frauen-Konzentrationslager Ravensbrück deportiert wurden, weiß sie da noch nicht. Erst im Mai 1945 werden sich die drei Frauen wiedersehen.

Ob sie keinen Hass auf die Deutschen habe? Immer wieder werde ihr diese Frage auf ihren Konzertreisen in Deutschland, im Land derer, die sie einst quälten, gestellt, berichtet Juliette Gréco in ihren Erinnerungen »So bin ich eben«, die 2012 gleichzeitig in Frankreich und Deutschland erscheinen. »Diese Wunde wird nie verheilen, sage ich dann; aber der Hass führt zu nichts, das sage ich auch.« 1965 gibt sie in Ostberlin drei Konzerte an einem Tag, zwei Tage später tritt sie im Westen auf. Grenzen, so macht sie klar, sind dazu da, überwunden zu werden. In jeder Hinsicht.

Als sie 22 ist, verliebt sie sich in den jungen Jazztrompeter Miles Davis, es ist eine heftige und kurze Liebe, und doch hält sie auf ihre Weise ein Leben lang. Wo immer er später gastieren wird, hinterlässt er eine Nachricht, so wie an der Stockholmer Oper: »Ich bin nicht mehr da. Aber ich war es. Ich küsse dich. Ich liebe dich. Miles.« Sie verliebt sich in ihren Gitarristen, den späteren Chansonsänger Sascha Distel, dann in den schwerreichen Filmproduzenten Darryl Zanuck, der ihre zeitweilige Filmkarriere in den USA begleitet; dreimal wird sie heiraten, von Schauspieler Philippe Lemaire bekommt sie ihr einziges Kind, Tochter Laurence-Marie. Mit dem Schauspieler Michel Piccoli lebt sie zehn Jahre eine Patchwork-Familie. Sie wird sie alle verlassen, sie geht, wenn es langweilig wird. Der Pianist Gérard Jouannest, der sie auf ihren Konzerten begleitet, wird 1989, da ist sie 62 Jahre alt, ihr dritter Ehemann. All die Jahre behält sie ihre eigene Wohnung, ihr eigenes Leben, verteidigt sie ihre Eigenständigkeit. »Jede Art von Abhängigkeit ist mir zuwider. Da mache ich keine Ausnahme.« Und es gibt auch Frauen in ihrem Bett, schließlich wolle sie nicht »als Idiotin sterben«, sagt sie in einem Interview. »Warum sollte man nicht die gleiche sinnliche und intellektuelle Liebe für eine Frau empfinden können wie für einen Mann?« Das Urteil der anderen? Habe sie nie interessiert.

Und doch interessiert sie sich sehr für die anderen. Für diejenigen, die es zu verteidigen gilt, für die sie kämpft und auch mal handgreiflich wird. »Eines Tages geriet ich auf der Straße in eine Schlägerei mit einem Mann von der extremen Rechten, der verletzende rassistische Äußerungen von sich gab. Wenn ich bemerke, dass es sinnlos ist zu argumentieren, wenn Worte keinen Wert mehr haben, weil niemand ihnen zuhört, dann kann ich körperlich gewalttätig werden.« Doch ihre wahre Waffe ist die Stimme. »Bis zum letzten Tag meines Lebens werde ich für das Recht der Menschen kämpfen, glücklich zu werden. Ich werde also kämpfen gegen den Terror, gegen die geistige Bevormundung, gegen die Gleichgültigkeit und für das einzige Gut, das zu bewahren es sich um jeden Preis lohnt: die Freiheit.« Noch im hohen Alter sagt sie, und es ist durchaus als Warnung gemeint: »Ich kusche nicht.«

Sinnliche und intellektuelle Liebe zu einer Frau – »warum sollte man nicht ...?«

Ihr Leben lang streitet sie für das Recht der Frauen auf Selbstbestimmung, sie spricht über ihre Abtreibungen, sie unterstützt die Linken im Wahlkampf, sie singt ihre Texte von Freiheit und Liebe im von Franco unterdrückten Spanien, im von Pinochet tyrannisierten Chile. »Nach dem Konzert kamen die Leute zu mir und haben sich bedankt, dass ich gekommen bin, obwohl ich doch nur meine Pflicht getan habe.« Sie spricht offen und ehrlich über ihre Nase, die ihr nie gefallen habe und die sie dreimal operieren ließ, bis das Ergebnis stimmte. Sie spricht über ihre Krebserkrankung, die sie mit fast 80 überfiel, über Operation, Chemo und neue Konzerte kaum ein Jahr später: »Ich kroch aus einem finsteren Tunnel.«

Und mit fast 90, kurz vor ihrer letzten Tournee im Jahr 2016, fasst sie im Gespräch mit einer Journalistin zusammen, was sie all die Jahre bewegt und angetrieben hat. Ein Rückblick? Es ist ein Blick nach vorn. »Ich arbeite. Ich denke viel nach. Ich bin einfach da. Für mich ist jeder Augenblick der beste Augenblick meines Lebens.«

GEBOREN AM 29. OKTOBER 1932 IN MÜNCHEN

CHARLOTTE *KNOBLOCH*

»Mischt euch ein, wenn ihr Unrecht seht!«

Unerschrocken und mit klaren Worten führt die Überlebende der Shoa die Israelitische Kultusgemeinde

»Es gilt, den Anfängen zu wehren – und ich werde nicht schweigen, solange ich fähig bin, ein Wort zu sagen.« Sie ist knapp 80 Jahre alt, als sie dies aufschreibt, und es ist ein Versprechen. Ein Versprechen, das sie verlässlich immer wieder einlöst, wie im Januar 2019, als sie bei einer Gedenkfeier für die Opfer des Nationalsozialismus deutliche Worte findet für jene, die die Zeit von Holocaust und Weltkrieg als »Vogelschiss« in der Geschichte wegwischen wollen.

Aufrecht steht Charlotte Knobloch als Gastrednerin im Bayerischen Landtag, wo seit Kurzem auch Abgeordnete der AfD Platz genommen haben, und sagt: »Dort ist heute und hier eine Partei vertreten, die ... die Verbrechen der nationalsozialistischen Zeit verharmlost und enge Verbindungen ins rechtsextreme Milieu unterhält. Diese sogenannte Alternative für Deutschland gründet ihre Politik auf Hass und Ausgrenzung.«

Dass sie in den Tagen danach »beinahe im Minutentakt wüste Beschimpfungen, Drohungen und Beleidigungen per E-Mail und Telefon« erhält, überrascht sie nicht. Im Gegenteil, so die Überlebende der Shoa: »Die Gefahr, die von der Partei und ihren Anhängern für unsere freiheitliche Demokratie ausgeht, wird so überdeutlich.«

Wer, wenn nicht ich? Wann, wenn nicht jetzt? Es ist das alte Mantra der Väter aus der rabbinischen Sammlung, das sie leitet und das dann auch dazu führte, dass man ihr einige der höchsten Aufgaben in der jüdischen Gemeinde übertrug. Aufgaben, für die sie geschätzt und geehrt, aber auch angefeindet, bepöbelt und bedroht wird. Seit 1985 ist Charlotte Knobloch Vorsitzende der Israelitischen Kultusgemeinde in München und Oberbayern, seit 2013 Commissioner für die Erinnerung an den Holocaust des Jüdischen Weltkongresses; sie war dessen Vizepräsidentin und Präsidentin des Zentralrats der Juden in Deutschland. Sie ist die Frau, die aufsteht, wenn es schwierig wird in Deutschland und anderswo.

So wie all jene Menschen, die ihrerseits aufstanden und Haltung zeigten und die – jeder auf seine Weise – ihre Rettung waren, die ihr halfen, die Zeit des Nationalsozialismus zu überleben. Wie der Vater, der Münchner Rechtsanwalt Fritz Neuland, der es schafft, dass ihr Name von der Deportationsliste gestrichen wird, und der sie auf dem Land verstecken kann. Und wie die Großmutter Albertine Neuland, die sie aufzieht, nachdem die Mutter sich früh von der Familie getrennt hatte, und die ihr das Gefühl von Anstand und Würde vermittelt. Und für die es keine Rettung geben sollte. 1942 wurde sie nach Theresienstadt deportiert, wo sie unter Qualen verhungerte.

Aber auch fremde Menschen halfen, wie eine junge Frau, die eingreift, als der Vater auf der Straße von Nazis verschleppt wird, und die etwa sechsjährige Charlotte ganz selbstverständlich an der Hand nimmt und aus der Gefahr führt. Und das Dienstmädchen Kreszentia Hummel, das die Nichte seines einstigen Arbeitgebers drei Jahre lang auf dem elterlichen Bauernhof als uneheliche Tochter ausgibt. Nicht nur für Charlotte Knobloch ein unglaublicher Akt der Mitmenschlichkeit. »Zenzi und die Familie Hummel haben alles für mich riskiert. Die Entdeckung meiner wahren Identität hätte für die Familie fatale Konsequenzen gehabt. Einen Juden zu verstecken konnte den Tod bedeuten.« Für Kreszentia Hummel, so wird sie später verraten, war es auch ein Pakt mit dem Schicksal. Würde sie Charlotte retten, dann würde Gott seine Hand über ihre beiden Brüder, die als Soldaten in Russland und Afrika waren, halten. Nur den Pfarrer im Dorf konnte die gläubige Katholikin nicht belügen – und so wurde am Ende auch er zum Retter. Kurz vor Kriegsende verbarg er die 12-jährige Charlotte in einem unterirdischen Gang vor einem SS-Trupp, der das Dorf besetzte.

Sie gilt als Mahnerin, als Warnerin, als eine, die neue Gefahren erkennt und sie benennt. Charlotte Knobloch selbst bezeichnet sich als Verteidigerin. »Ich fühle mich auf-

Endlich angekommen: Charlotte Knobloch vor der neuen Hauptsynagoge in München

grund der Position, in die man mich gewählt hat, verantwortlich dafür, falsche Entwicklungen abzuwehren, das Judentum zu verteidigen.« Es ist eine Aufgabe, die ihr zunehmend mehr abverlangt. Gräber auf jüdischen Friedhöfen werden zerstört, Synagogen beschmiert. Menschen, die Kippa oder Davidstern tragen, werden angegriffen, bespuckt, beleidigt.

Am 9. Oktober 2019, dem Tag des Jom-Kippur-Festes, geschieht das Entsetzliche: In Halle versucht ein schwer bewaffneter 27-jähriger Neonazi die Synagoge zu stürmen, um die dort betenden Bürger zu töten. Er erschießt zwei Unbeteiligte, scheitert aber an der Eingangstür der Synagoge, hinter der sich die Gläubigen verschanzen konnten.

Es ist ein Attentat, das quer durch die Welt die Menschen entsetzt und das auch eine alte Angst aufreißt, die nicht nur Juden tief in sich vergraben hatten, aber doch nie losgeworden waren. 80 Jahre nach den Pogromen der NS-Zeit erklärt Charlotte Knobloch tief geschockt, sie habe nicht gedacht, dass sie so etwas in Deutschland noch einmal erleben müsse. »Es trifft mich besonders schwer, denn das ist meine Heimat, und die möchte ich nicht verlieren.«

Schon Monate zuvor hatte sie in

einem Interview von der wachsenden Verunsicherung in der jüdischen Gemeinde berichtet. »Vor allem junge Familien kommen immer wieder zu mir und fragen mich, ob sie als Juden in Deutschland noch eine sichere Zukunft haben. Den aggressiven Antisemitismus, den wir heute wieder erleben, kannten sie bislang nur aus Erzählungen.« Ihnen sagt Charlotte Knobloch zwar, Deutschland »ist eine gefestigte Demokratie, die mit Antisemitismus fertig werden kann, wenn sie ihn entschlossen bekämpft«. Aber sie sagt auch: »Ich weiß nicht, ob ich als junge Jüdin heute bleiben würde, wenn ich kleine Kinder und einen Beruf hätte, mit dem ich auch in anderen Ländern mein Leben leben könnte.«Tatsächlich hielten sie und ihr Mann Samuel Knobloch, ein Holocaust-Überlebender aus Krakau, dessen Eltern und fünf Geschwister erschossen worden waren, die Koffer über viele Jahrzehnte gepackt. Wegen der Kinder, die für sie auch einen Neuanfang verkörperten, hatten sie eine geplante Ausreise in die USA immer wieder verschoben und schließlich aus den Augen verloren. Und doch musste mehr als ein halbes Jahrhundert vergehen, bis Charlotte Knobloch eines Tages sicher war: »Ich habe mein Zuhause gefunden. Ich bin angekommen.«

Da war sie 74 Jahre alt und hielt ihre Rede zur Eröffnung der neuen Hauptsynagoge in der Altstadt von München, deren Bau sie über viele Jahre hinweg und in mühevoller Überzeugungsarbeit erkämpft hatte. Ein jüdisches Gotteshaus, unübersehbar mitten in der Stadt. Ob es ein wenig außerhalb nicht besser wäre, war sie des Öfteren gefragt worden. »Dort, so wurde argumentiert, hätten wir ›unter uns‹ sein können – genau das wollte ich nicht.« Dann hieß es noch, an einem abgelegenen Ort wäre es schließlich viel sicherer. »Doch deshalb unser Münchner Gotteshaus in einem entlegenen Viertel oder gar vor den Toren der Stadt zu errichten, kam für mich nicht in Frage. Das hieße, vor dem Feind zu kapitulieren und ihm die Einschüchterung ... zu gestatten. Nein!«

Den 9. November 1988, den 50. Jahrestag der Pogromnacht, als in ganz Deutschland die Synagogen brannten und alle Hoffnungen zersplitterten, hatte sie als Eröffnungstag für ein neues Gebetshaus im Sinn gehabt. Es brauchte deutlich länger, bis zum 9. November 2006. »Mitunter dauert es Jahre, ja Jahrzehnte, bis man an das selbst gesetzte Ziel gelangt. Man darf auf dem Weg die Geduld nicht verlieren.« Doch dass sie es erreichen würde, stand für Charlotte Knobloch außer Frage.

»Eines meiner jüdischen Lieblingssprichwörter besagt, dass der Mann aus der weichen Erde geformt, die Frau hingegen aus der harten Rippe geschnitzt ist.«

Als erste Frau überhaupt führt sie den Zentralrat der Juden in Deutschland

Ein großes Vertrauen in die eigene Stärke, das ihr auch bei der Karriere geholfen haben dürfte. Lange Zeit arbeitete sie ehrenamtlich in der Gemeinde, im jüdischen Altenheim, im jüdischen Frauenbund, doch seit man ihr mit über 50 Jahren und als erster Frau überhaupt die Präsidentschaft der Israelitischen Kultusgemeinde antrug, ging es Schritt für Schritt weiter. Rückschläge nahm sie relativ gelassen: Wenn sie bei einer Wahl unterlag, wie um den Vorsitz des Zentralrats der Juden, trat sie bei der nächsten eben erneut an. Und sie hatte Erfolg, auch hier, als erste Frau. Sie sei »nicht als Politikerin geboren worden, doch man wächst an seinen Aufgaben«, resümierte sie in ihrem Erinnerungsbuch »In Deutschland angekommen«. Da steht sie in ihrem 80. Lebensjahr und vor neuen Wahlen, die sie ebenfalls gewinnen wird. Jungen Frauen, die wie sie nach oben streben, rät sie: »Über Beharrlichkeit verfügen, Selbstvertrauen besitzen, seine Fehler und Grenzen kennen.«
Einen guten Teil ihrer Arbeit widmet Charlotte Knobloch, eine der letzten Zeitzeuginnen, die den Holocaust überlebten, Gesprächen mit jungen Menschen. »Schuld ist persönlich, nicht vererbbar … Doch es besteht eine nationale Verantwortung über Generationen hinweg.« 80 Jahre ist es her, dass eine Hausmeisterin ihr, dem jüdischen Kind, verbot, wie bisher mit den Nachbarskindern zu spielen. 80 Jahre ist es her, dass ihre Freunde wegsahen und sie allein ließen. Sie hat es nie vergessen. Und so fordert sie heute die Jugendlichen auf: »Mischt euch ein, wenn ihr Unrecht seht, wenn ihr beobachtet, dass jemand aufgrund seines Glaubens, seiner Hautfarbe, seines Aussehens, seines Geschlechts oder seiner Neigungen in Bedrängnis gerät oder ausgegrenzt wird … Denn aus Zurückhaltung wird kein Aufstand und kein Anstand.«

GEBOREN AM 15. MÄRZ 1933 IN NEW YORK – GESTORBEN AM 18. SEPTEMBER 2020 IN WASHINGTON, D.C.

RUTH *BADER GINSBURG*

»Ich bin gegen jede Art von Diskriminierung so empfindlich, weil ich diese Erfahrung selbst machen musste.«

»Notorious RBG« – die bekannteste Richterin der Welt kämpfte auch mit weit über 80 Jahren gegen jede Form der Ungerechtigkeit und widerspricht im Obersten Gericht der USA: »I dissent!«

Für viele Menschen dürfte Ruth Bader Ginsburgs Leidenschaft erst einmal eine dröge Angelegenheit sein. Wenn sie überhaupt ein Gefühl dafür haben, was die kluge, alte Dame da so anbetungswürdig findet. Ruth Bader Ginsburg ist Richterin und sie sagt: »Ich liebe das Recht inniglich.« Vor allem aber liebt sie die Verfassung der Vereinigten Staaten, die sie als schmales, zerlesenes Büchlein immer bei sich trägt. Sie erzählt dies in einem Dokumentarfilm über ihre Arbeit und ihr Leben, der 2018 für zwei Oscars nominiert wurde. Denn »RBG«, wie sie kurz und zackig genannt wird, ist nicht nur die wohl bekannteste Juristin, mit ihren weit über 80 Jahren wurde sie auch Legende, eine Art Popstar, eine Heldin für Feministinnen. Vor allem aber ist Ruth Bader Ginsburg ein Fels in der Brandung und oftmals die letzte Hoffnung – für all diejenigen, die Gerechtigkeit suchen.

Es gibt ihr Porträt – ein schmales Gesicht, streng zurückgekämmte Haare, mit großer Brille und niemals ohne auffallende Ohrringe – auf T-Shirts, auf Babyhemdchen, auf Kaffeebechern, auf Handyhüllen. Es gibt ihr Leben als Rap-Video, jede Menge Biografien, Bücher mit ihren besten Zitaten und über ihr Workout, das sie jede Woche eisern mit ihrem Personal Trainer bestreitet.

Und einen Hollywoodfilm gibt es auch. Wenn längst nicht alles davon ihrem Anspruch an Qualität und Ernsthaftigkeit genügen dürfte, so ist der Ursprung dieses Kults doch von den besten Motiven geleitet: Respekt, Bewunderung und Liebe. Ein Respekt, den ihr nicht nur ihre Mandanten zollen, sondern alle, denen sie darüber hinaus ganz grundsätzlich zu ihrem Recht verhelfen konnte – überwiegend handelt es sich dabei um Frauen.

Ihr Ruhm lässt sich in zwei Epochen einteilen. Das Motto der ersten hieß »Ruth Bader Ginsburg gegen ...« – als sie, die Anwältin, in den Siebzigerjahren wegweisende Urteile für mehr Geschlechtergerechtigkeit und gegen Diskriminierung erstritt, von denen auch noch die nachfolgenden Generationen profitieren. Die zweite Epoche wird so lange dauern, wie RBG »mit Volldampf dranbleiben« kann, wie sie selbst sagt. Gemeint ist ihr Job auf Lebenszeit als beisitzende Richterin am Supreme Court, dem höchsten Gericht der USA, das sie immer wieder im Alleingang aufmischt. »I dissent ...« – »Ich bin anderer Meinung«, beginnt sie ihre Widersprüche, wenn sie eine Mehrheitsentscheidung des neunköpfigen Richtergremiums zwar akzeptieren muss, aber nicht abnicken und niemals hinnehmen wird. Widersprüche, die Meinungen prägen und die das Land verändern.

Geboren in Brooklyn, der russischstämmige Vater hatte ein kleines Pelzgeschäft, die Mutter war Hausfrau, entwickelte sich Ruth zu einer hervorragenden Schülerin, die sich voller Elan ins Studium stürzt. Wo sie von Beginn an auffällt, weil sie als eine von neun Frauen unter mehr als 500 männlichen Studenten in ihrem Jahrgang an der Harvard Law School schon rein optisch heraussticht. Erst seit Kurzem waren weibliche Studierende zugelassen, aber was erlaubt war, war im Jahr 1956 nicht unbedingt auch erwünscht. Warum sie einem männlichen Studenten einen Platz wegnehme, befragte der Dekan der Juristischen Fakultät jede der neun während eines Dinners. Ob er die Antwort seiner Einser-Studentin Ruth Bader, der die Mutter das Mantra »Sei unabhängig!« mit auf den Weg gegeben hatte, für bare Münze nahm? »Mein Mann Marty ist in seinem zweiten Jahr hier. Ich bin in Harvard, um etwas über seine Arbeit zu lernen, damit ich ihm eine geduldigere und verständnisvollere Ehefrau sein kann.« Doch bei aller Ironie – wenn es um Verständnis ging, standen sich Marty Ginsburg, »der erste Junge, der sich dafür interessierte, dass ich ein Gehirn hatte«, und seine Frau in nichts nach.

Wegen seiner Krebserkrankung absolvierte Ruth über längere Zeit

Unerbittlich in der Sache, bis in die Fingerspitzen eine Lady: Ruth Bader Ginsburg

hinweg praktisch zwei Studien gleichzeitig. Nach ihren Seminarstunden schrieb sie für Marty dessen Skripte und sorgte dafür, dass er den Anschluss nicht verpasste. Auch die kleine Tochter brauchte ihre Fürsorge, um sich selbst kümmerte sie sich nachts. Über Wochen hinweg habe sie nur zwei Stunden Schlaf bekommen, »ich wurde ein Nachtmensch«. Die strenge und ausdauernde Arbeit bis morgens um drei oder vier Uhr behielt sie von da an bei.

Anfang der Neunzigerjahre wurde dann Marty Ginsburg in besonderem Maße aktiv. In Washington stand die Ernennung eines neuen Richters für den neunköpfigen Supreme Court, das US-Verfassungsgericht, an – und der so renommierte wie bestens vernetzte New Yorker Steueranwalt rührte energisch die

Trommel für seine Frau. Er hätte es als Skandal empfunden, wenn sie nicht zumindest in die engere Wahl gekommen wäre, sagten Freunde. Doch der damalige US-Präsident Bill Clinton erkannte das unglaubliche Potenzial der 60-Jährigen schon im ersten Gespräch. Nach einer Viertelstunde sei eigentlich alles klar gewesen.

1993 zog Ruth Bader Ginsburg in das mächtige Gremium, nach Sandra Day O'Connor die zweite Frau, die jemals dorthin entsandt wurde. Seitdem zählt sie zum eher linksliberalen, progressiven Flügel, wo sie mit ruhiger aber unüberhörbarer Stimme für die Rechte derer ficht, die immer noch – oder schon wieder – diskriminiert werden: »Ich versuche durch meine Urteile, meine Vorträge zu lehren, wie falsch es ist, Menschen danach zu beurteilen, wie sie aussehen, welche Hautfarbe sie haben, ob sie Mann oder Frau sind.« Sie tut dies miteiner seltenen Noblesse und obendrein mit einem feinen Sinn für Schönheit. So kreierte sie ein weibliches Pendant für die männliche Richterrobe, die sie abwechselnd mit einem Volant oder einem Jabot schmückt. Plissee, französische Spitze, aufgefädelte Perlen, und für den Vortrag des Widerspruchs ein ganz spezieller Kragen im Stil des Art déco.

In dem wohl berühmtesten ihrer Fälle unterlag sie in einer knappen 5:4-Entscheidung, doch ihr vernichtend und präzise formuliertes Sondervotum führte dazu, dass es zwei Jahre später zum »Lilly Ledbetter Fair Pay Act« kam, einem Gesetz, das für gleiche Bezahlung von Männern und Frauen sorgen soll. Die Geschichte ist oft erzählt: Nach 19 Jahren bei der Firma Goodyear hatte Lilly Ledbetter erfahren, dass Männer in der gleichen Führungsposition erheblich mehr verdienten, wogegen sie umgehend klagte. Doch auch der Supreme Court wies sie mehrheitlich wegen Verjährung ab. Nur – wie rechtzeitig gegen eine Ungerechtigkeit klagen, wenn die in aller Heimlichkeit gemauschelt wird? Ginsburgs Einspruch, »I dissent ...«, in dem sie von Hinterhältigkeit sprach, fiel auf fruchtbaren Boden, 2009 unterschrieb Barack Obama ein neues Gesetz. Und Frauenrechtlerin Gloria Steinem erklärte, zum ersten Mal fühle sie sich von der Verfassung geschützt. »Von allen Menschen, die ich kenne, kommt Ruth einem Superhelden am nächsten.« Lilly Ledbetter urteilte über die Richterin: »Sie ist klein, aber sie hat Rückgrat.« Und ein extrem sensibles Radar für ungleiche Behandlung.

Aus Verehrung für die Richterin gründet eine Studentin den Blog »Notorious R.B.G.«

»Ich bin gegen jede Art von Diskriminierung so empfindlich, weil ich diese Erfahrung selbst machen musste.« Auch mit den besten Noten hatte Ruth Bader Ginsburg nach dem Examen, anders als ihre männlichen Kommilitonen, erst einmal keinen Job gefunden. Sie scheiterte an gleich drei Hürden. »Ich war Jüdin, und schwieriger noch, ich war eine Frau. Doch der absolute Killer war: Ich hatte eine vierjährige Tochter.« Müttern trauten die Herren in den Kanzleien nichts zu, mochten sie auch noch so viel Einsatz bewiesen haben. Sie machte trotzdem ihren Weg, startete eine akademische Laufbahn, wo das Klima nicht ganz so frauenfeindlich war. Geleitet wurde sie vom Ausspruch ihres Vorbilds, der Bürgerrechtlerin und Feministin Sarah Grimké (1792–1873), die sie immer wieder zitiert: »Ich verlange keine Privilegien. Alles, was ich von unseren Brüdern erwarte ist, dass sie ihre Füße von unserem Nacken nehmen.«

Vor allem für junge Frauen, die nach wie vor an gläserne Decken oder vor geschlossene Türen stoßen, ist sie ein Idol. 2013 startete eine Jurastudentin aus Verehrung einen Blog, den sie »Notorious R.B.G.« nennt, berüchtigte RBG. Jedes neue Urteil, jeder neue Einspruch wird im Internet tausendfach geteilt, ihre Veranstaltungen sind ausgebucht. Einen Auftritt in Little Rock, Arkansas, Anfang September 2019 wollten 18 000 Menschen sehen, weitere 16 000 hatten sich auf die Warteliste setzen lassen. Und wenn eine schlechte Nachricht über ihre Gesundheit bekannt wird, geht ein Aufschrei durchs Land. Mehrere Krebserkrankungen hat sie überstanden, doch einzig nach ihrer Lungen-OP erlaubte sie sich, für wenige Tage in ihrem Richteramt zu pausieren.

Seit 2010 teilt »Justice Ginsburg« den Richtertisch immerhin mit zwei Kolleginnen, neben sechs Männern. Mit welchem Frauenanteil sie denn zufrieden wäre, wird die 86-Jährige in einem Interview vor tausenden jungen Frauen und Männern gefragt. Zerbrechlich, ein wenig zusammengesunken und dabei doch ungeheuer präsent sitzt sie in ihrem Sessel und denkt einen Moment über die merkwürdige Frage nach. Dann blitzen die Augen, und sie richtet den Blick ins Auditorium. »Wenn es neun sind. Es waren so lange Zeit immer nur neun Männer. Also – was wäre verkehrt daran?«

SONY

GEBOREN AM 5. MÄRZ 1935 IN PALERMO – GESTORBEN AM 13. APRIL 2022 IN CEFALÙ

LETIZIA *BATTAGLIA*

»Die Kamera hat mein Leben verändert.«

»Anti-Mafia-Fotografin« und »fotografa militante« – mit ihren Bildern führt die Journalistin der ganzen Welt das Elend ihrer Heimat Palermo vor Augen

»Una ragazza ribelle«, ein rebellisches Mädchen sei sie gewesen, sagt die inzwischen mehr als 80 Jahre alte Letizia Battaglia mit dunkler Stimme über ihr jüngeres Ich. Doch wie sie da sitzt, mit ihrem zartgrüngefärbten Pagenkopf, die langsam verglühende Zigarette in der Hand, und von ihrer Kindheit erzählt, von ihrem späteren erwachsenen Leben, von ihren Aufständen und ihrer Widerständigkeit, wird schnell klar: Dieses rebellische Mädchen in sich hat sie bewahrt, über die Jahrzehnte, über alle Klippen, jede Gefahr hinweg gerettet.

Rebellisch? Wenn sie heute anderen Menschen vorgestellt wird, in Büchern, in Ausstellungen, in Talkshows oder auf der Berlinale, wo ein Film über sie gezeigt wird, hat man noch ganz andere Beschreibungen für Letizia Battaglia. »Chronistin der Mafia«, »Antimafia-Fotografin«, »fotografa militante«, heißt es anerkennend für die Frau aus Palermo. Dort, in der Hochburg der Mafia-Organisation Cosa Nostra, hat sie die meiste Zeit ihres Lebens gearbeitet. Und dort hat sie die Verbrechen der Mafia, ihre Opfer, deren Witwen, die Kinder, Polizisten, Politiker und auch die Mafiosi der »Ehrenwerten Gesellschaft« fotografiert – und dadurch für die Welt jenseits von Palermo erst sichtbar gemacht. »Wenn ich auf meine Fotos schaue, sehe ich Blut, Blut, Blut«, sagt sie 2019 in der Dokumentation »Shooting the Mafia«. Ohne es zu wollen, »hatte ich plötzlich ein Archiv von Blut«.

Es war die Zeit der Mafiakriege,

in denen die verfeindeten Clans der Cosa Nostra um die Vorherrschaft kämpften, tückisch, aus dem Hinterhalt, ohne Rücksicht auf Unbeteiligte. Bis zu fünf Morde hatte die Stadt im Nordwesten Siziliens in den Siebziger- und Achtzigerjahren zu beklagen, jeden Tag. Die Politik bis ins ferne Rom und auch die Strafverfolgung vor Ort schienen entweder aufgegeben zu haben oder selbst in die schmutzigen Geschäfte der Mafiosi verstrickt zu sein. Die Menschen vor Ort waren wie in einem Kriegsgebiet sich selbst überlassen. Doch dann kam Letizia Battaglia.

In Palermo geboren, hatte sie die ersten Jahre im norditalienischen Triest verbracht, bis die Familie Mitte der Vierzigerjahre nach Sizilien zurückkehrte. Für Letizia ein Schock. Nach dem Unterricht in einer Klosterschule sperrte der Vater sie nachmittags in der Wohnung ein, denn hier im Süden hatten Mädchen auf der Straße nichts zu suchen. Um seiner Herrschaft zu entkommen, heiratete sie bei der ersten Gelegenheit. »Ich wollte die Regeln, die mein Vater verlangte, nicht akzeptieren, deshalb dachte ich mit 16: Ich heirate, so kriege ich meine Freiheit.« Die Rechnung ging nicht auf. Der Ehemann, Spross einer Kaffeeröster-Familie, war nicht weniger archaisch in seinen Ansichten als der Vater. Ihren Wunsch, studieren zu dürfen, wehrte er als »verrückt« ab. Sie hielt 15 Jahre durch, dann wehrt sich ihr Körper: Nervenzusammenbruch, Herzinfarkt. Nach einer Psychotherapie wagte sie den Bruch mit ihrem alten Leben und ging mit ihren drei Töchtern in den Norden des Landes nach Mailand. Der Beginn ihrer Emanzipation. Letizia Battaglia war Mitte 30, geschieden, alleinerziehend und brauchte dringend einen Job.

Sie schaffte es als freiberufliche Kulturjournalistin in die linke Tageszeitung *L'Ora*, denn schreiben konnte sie. Doch zu den Texten wurden auch Fotos erwartet, und schließlich kaufte sie ihre erste Kamera. Was dann geschah, war wie eine Erleuchtung: »Die Kamera hat mein Leben verändert. Indem ich sie einsetzte, wurde ich eigentlich erst zu einer Person.«

Aber die Insel ließ sie dann doch nicht los. Nach ein paar Jahren kehrte sie, begleitet von ihrem neuen Partner und den Töchtern, als Chefreporterin der *L'Ora* zurück nach Palermo, um über Land und Leute zu berichten. Am dritten Tag führt sie der Job aufs Land, wo sie ihren ersten Toten fotografiert, ermordet von der Mafia. Da ahnt sie noch nicht, dass die Toten ihr neues Leben bestimmen würden.

Mehr als 600 000 Aufnahmen

Fotojournalistin, Politikerin, Verlegerin, Kulturmanagerin: Mit ganzem Herzen kämpft Letizia Battaglia seit Jahrzehnten gegen den Terror der Mafia

umfasst ihr Archiv heute, die meisten in strengem Schwarz-Weiß, denn Tote, so sagt sie, könne man nicht in Farbe fotografieren. Einige der Bilder haben sich für immer in ihre Erinnerung eingebrannt. Ein Mann liegt rücklings, beinahe friedlich ausgestreckt neben Stapeln von Obstkisten auf dem Asphalt – aber unter seinem Kopf sickert das Blut hervor. Der Anblick trifft Letizia Battaglia ins Mark: »Das Ganze glich einem Theaterstück, es herrschte absolute Stille. Was ich sah, hat mich tief im Inneren verwundet.« Ein anderer Mann sitzt irgendwo auf einem Stuhl an der Hauswand, jemand hat ihm eine karierte Decke über den Kopf geworfen, unter dem Stuhl und seinen Schuhen breitet sich eine große Blutlache aus. Bilder wie aus einem Alptraum und doch Alltag.

Die Mafiosi erschießen sich gegenseitig, es geht um Rache, es geht um Schutzgelderpressungen, um Drogen, um Waffenhandel, es geht um Macht und um Geld. Verräter werden liquidiert, wie auch Staatsanwälte und Polizisten. Unbeteiligte, die in die Quere kommen, sind so gut wie tot. Die Unmenschlichkeit, die Gleichgültigkeit der Regierung, das Schweigen, sie lassen Letizia Battaglia nicht mehr los. Sie rebelliert gegen die Gewalt, will der Welt zeigen, wie ihre Heimat leidet. Und sie will den Opfern ein Gesicht geben, ihren sinnlosen Tod hinausschreien. Gemeinsam mit ihrem Lebensgefährten rast sie auf der Vespa von Einsatz zu Einsatz, oft noch vor der Polizei, deren Funk sie Tag und Nacht abhört, um informiert zu bleiben. Es ist eine Aufgabe, die sie jeden Tag wieder an die Grenzen bringt und die sie dennoch nicht lassen kann. »Um nicht zu weinen, zu schreien oder mich zu übergeben, eilte ich sofort nach dem Foto zum Polizeipräsidium und checkte, wie das Opfer der Mafia diesmal hieß. Dann rannte ich in die Dunkelkammer und entwickelte das Foto.«

Sie stand in der ersten Front, doch irgendwie hat sie in diesem Krieg, wo es schon den Tod bedeuten konnte, das Wort Mafia nur laut auszusprechen, überlebt. »Mehrfach bedrohten, beschimpften und schlugen mich die Männer, ein paar Mal zerstörten sie meine Kamera.« Und man schickte ihr Texte wie diesen: »Verschwinde aus Palermo, sonst bist du tot.« Die Fotografin des Schreckens hielt durch. »Ich hatte keine andere Wahl. Etwas in mir trieb mich immer weiter an, ein natürlicher Drang, für Gerechtigkeit, Respekt und Liebe zu kämpfen.« Sie betrachtet sich als »Botin des Widerstands, des Widerstands gegen Gewalt, Korruption, Armut, gegen das moralische und politische Chaos.« Manchmal hängt sie ihre Bilder an öffentlichen Plätzen auf, als wolle sie den Menschen zurufen: Das ist Eure Stadt, wehrt Euch! »Meine Bilder sind Anklagen.«

Nur einmal ließ sie ihr Kampfgeist im Stich, nach der Ermordung des Staatsanwalts Paolo Borsellino und fünf seiner Leibwächter, die von einer Autobombe getötet wurden. »Ich hatte die Kamera um den Hals, aber ich konnte nicht fotografieren. Es war grauenvoll. Ich sah einen Bauch, nur einen Bauch ohne Beine und Rumpf.« Es war der 19. Juli 1992, und es war der Tag, an dem sie ihre Kamera beiseitelegte. Sie hat das Gefühl, ihre Schlacht gegen die Mafia verloren zu haben. »Ich war erschöpft, schockiert von jahrelanger Gewalt, Demütigung, Scham, und das Scheitern der italienischen Regierung machte mich fassungslos.«

Letizia Battaglia geht in die Politik, wird in Palermo Stadträtin für die Grünen, dann kommunale Dezernentin für Lebensqualität, sie lässt illegale Müllkippen entfernen und stattdessen Bäume pflanzen, sie wird Teil des sogenannten Sizilianischen Frühlings, unterstützt Bürgermeister Leoluca Orlando, Anführer des Anti-Mafia-Bündnisses »La Rete«.

Später zieht sie als Abgeordnete ins Regionalparlament ein. Außerdem startet sie eine feministische Zeitschrift sowie einen Verlag, die »Edizioni della Battaglia«. Eine Buchhandlung, die sie eröffnet, schließt sie schon nach einem Jahr wieder – Grund dafür ist die Mafia: »Eines Tages kamen zwei Männer und baten mich höflich um eine Spende für die Häftlingsfamilien. Ich gab ihnen ein wenig Geld. Da sagten sie, im nächsten Monat müsse ich mehr zahlen. Erst jetzt begriff ich, dass sie von mir den ›pizzo‹, das Schutzgeld, erpressen wollten.«

2003 will sie weg von Elend und Verbrechen, aber nach zwei Jahren in Paris zieht es sie doch wieder zurück. 2017 gründet sie in der Altstadt Palermos ein Kulturzentrum, in dem sie Ausstellungen, Workshops und Diskussionsforen anbietet. Die Stadt sei dabei, ihren Kopf zu heben, aber die Armut überschatte vieles, sagt sie. Man bittet sie um ihre Bilder für Ausstellungen, überreicht ihr Preise – doch vor allem im Ausland. »Es ist Trost, Bestätigung, eine Liebkosung, wie ich sie hier nicht erfahre.« In Italien werde ihre Arbeit nicht geschätzt. Längst fotografiert Letizia Battaglia auch wieder, doch sie hat ein anderes Sizilien im Blick. Frauen und Kinder, das Schöne, das Reine. Sie selbst strahlt Kraft und Lebensfreude aus, je nach Laune färbt sie sich die Haare grün, rosa oder neon-pink. Oft arbeitet sie mit Shobha, einer ihrer Töchter, die ebenfalls Fotografin ist.

Die Mafia ließ sich nicht besiegen. »All mein Kämpfen hat überhaupt nichts genutzt«, erklärt sie bitter. Inzwischen trägt das organisierte Verbrechen einen feinen Anzug und gibt sich bürgerlich. Die Mafia »ist heute überall, sie hat die Verwaltungen, Medien und Parteien, die Rechte, aber auch Teile der Linken infiltriert, sie sitzt in den Köpfen der kleinen Leute und an den Schaltstellen der Macht. Natürlich gibt es immer noch mutige Beamte, Politiker, Journalisten und Geschäftsleute, aber die Grenzen verschwimmen. Die Mafia ist unsichtbar geworden«.

Ob sie nie Angst gehabt habe, wurde sie bei der Vorstellung des Films »Shooting the Mafia« in Berlin gefragt. Letizia Battaglia sagt Nein. »Ich konnte mir keine Angst erlauben, ich hatte kein Recht auf Angst, denn ich musste der Welt erzählen, was passiert in meiner Stadt, in meinem Land. Für mich war das wie eine Bitte um Hilfe an die Regierung, an den Rest der Welt. Leider muss ich sagen: Uns wurde nicht geholfen.«

GEBOREN AM 21. DEZEMBER 1937 IN NEW YORK

JANE *FONDA*

»Ich musste mich entscheiden: Ich lebe oder ich sterbe.«
Eine Biografie, geprägt von Erfolgen, Niederlagen und Neuanfängen – heute fühlt sie sich jünger als jemals zuvor

Exakt 60 Jahre liegen zwischen den beiden Bildern. Eine sehr junge Frau schaut mit forschendem Blick in die Kamera, das Kinn auf die rechte Hand gestützt. Das ist das eine Bild. Das andere zeigt dieselbe Frau noch einmal, mit wachem Blick, das Kinn auf die rechte Hand gestützt. Jane Fonda ist das Covermodel der britischen *Vogue*, mit 21 Jahren und auch im Mai 2019, mit 81 Jahren.

Zwischen den Fotos liegt ein langes Erwachsenenleben, ein Auf und Ab von Niederlagen und Neuanfängen, von Erfolgen und Erschütterungen, ein Schicksal, das auch für drei Leben gereicht hätte. Und auf das Jane Fonda mit Erstaunen, aber auch mit einer gewissen Traurigkeit für die junge Frau, die sie einst war, zurückschaut. Denn es ist eine Frau, die sie trotz der äußerlich strahlenden Jugend als verzagt und auch als alt in Erinnerung hat. »Vielleicht nicht mein Gesicht, aber mein Ich war sehr alt. Ich sah keine Zukunft, ich war sehr negativ.« Dagegen beim Fotoshooting mit über 80: »Ich war seelisch viel jünger.«

Es ist wahrscheinlich nicht einmal besonders überraschend. Aber wenn man Jane Fonda zuhört, ihre Bücher und Interviews liest, wird schnell klar: Es waren weder ihre Schönheit noch ihr unglaubliches Talent als Schauspielerin, zwei Oscars, weltweite Publicity, ein Millionenvermögen, was ihre Zweifel vertrieben und Zuversicht beschert, was ihr nach und nach zu einem jüngeren Selbst verholfen hat. Nein, was ihrem Leben einen Sinn und eine Richtung geben sollte, war zuerst der Kampf gegen den Vietnamkrieg – und von da an gegen jede Form von Unterdrückung und Diskriminierung, den sie in den Sechzigerjahren aufnahm und bis heute fortführt. Ein Kampf, mit dem sie sich gleichzeitig inneren Frieden und damit eine innere Freiheit erarbeitet hat. Über all dies berichtet und schreibt sie, offen, detailliert und voller Emotion, damit auch andere von ihren Kämpfen und ihren Siegen profitieren können.

Jane Fonda ist eine Tochter aus allerserstem Hause, von außen betrachtet. Drinnen gab es vor allem Kälte und Kummer. Mutter Frances Seymour, Socialite mit einem Stammbaum, der bis zu Englands Herrscher Heinrich VIII. zurückreicht, litt unter Depressionen und nahm sich in der Psychiatrie das Leben. Vater Henry Fonda, erfolgreicher US-Schauspieler und um sein Image als »echter Kerl« bemüht, brillierte im Film und im Theater – selbst am Abend, als er vom Tod seiner Frau erfahren hatte. Auch bei der Beerdigung ließ er sich nicht blicken. Mit all ihrer Trauer und ihrem Entsetzen blieben die Kinder, Jane war 12, Bruder Peter 10, sich selbst überlassen. Und so erfuhren sie auch erst durch ein Klatschblatt, dass die Mutter nicht, wie man ihnen erzählt hatte, an einem Herzanfall gestorben war. Ihr Bild von Frauen, so sagt Jane Fonda später, war von da an, »dass sie Opfer sind und nicht sehr stark«. Sie orientierte sich an den Erwartungen des Vaters und wurde: strahlend, schlank, schlau. Und stark natürlich. Gefühle? Hatte sie mit sich selbst auszumachen.

Ironischerweise war es ihre Phase als Sexsymbol, die ihr den Weg zeigte. Seit 1954 auf der Bühne, seit 1960 auf der Leinwand, hatte der französische Regisseur Roger Vadim die Schauspielerin, in Frankreich als »Bardot Américaine« gepriesen, für einen Erotikfilm nach Paris geholt. Es folgte die Heirat, ein betont antibourgeoises Leben mit Schwärmerei für den Kommunismus, der gemeinsame Film über die Science-Fiction-Amazone Barbarella und die Geburt von Tochter Vanessa. Vadims Affären waren legendär, für seine geliebten Abenteuer zu dritt habe sie sogar die Frauen angesprochen, berichtet sie später. Und dann, eines Tages, war es eben doch zu viel – Cut: »Mit der Geburt meines ersten Kindes stieg ich aus meiner Ehe aus, die acht Jahre gehalten hatte, änderte meine Lebensweise von Grund auf und stellte mir Fragen wie: Wozu bin ich auf der Welt? Wie ist das Leben anderer Menschen beschaffen? Kann ich einen nützlichen Beitrag leisten?«

Zurück in den USA, schloss sie sich der Opposition gegen den Viet-

Auf einer Kundgebung für mehr Klimaschutz am US-Kapitol wird Jane Fonda im Dezember 2019 am Vorabend ihres 82. Geburtstages festgenommen

namkrieg an, die sich seit Mitte der Sechzigerjahre formierte. Mit anderen Aktivisten versuchte sie, das bessere Amerika zu stärken. Doch gleichzeitig schaffte sie es auf diese Weise, auch die eigene Seele zu heilen. »Ich wurde Teil einer Bewegung. Ich war von Leuten umgeben, die meine Werte teilten. … Ich war ungeheuer dankbar … Egal, wie viele Meinungsverschiedenheiten es gab, ich fühlte mich immer gestützt und ich war Teil einer Gruppe, und das ist ein wunderschönes Gefühl.«

Bei den meisten ihrer Landleute eckte sie, der protestierende, demonstrierende Star, allerdings gehörig an. 1972, kurz nachdem sie für die Rolle als Prostituierte im Thriller »Klute« ihren ersten Oscar als beste Schauspielerin gewonnen hatte, kam es zum Eklat. Um sich selbst ein Bild vom Krieg der USA in Vietnam zu machen, war sie nach Hanoi gereist, und plötzlich ging dieses Foto um die Welt: Jane Fonda, umgeben von nordvietnamesischen Soldaten, wie sie mit Stahlhelm lachend auf einer Flak sitzt und sich die Ohren zuhält. Als ein US-Veteran sie Jahrzehnte später öffentlich anspuckte, nahm sie dies stoisch hin, noch heute erklärt und entschuldigt sie sich, sie habe niemanden verletzten wollen, sie habe einen geistigen Aussetzer gehabt, »und das wird mich für immer verfolgen«. Doch sie brachte auch eine ungeschminkte Wahrheit über die Grauen dieses Krieges mit nach Hause, sie attackierte die Propaganda der Regierung Nixon, und sie gründete eine Friedenskampagne.

Bürgerrechtsbewegung, Unterstützung für die Black Panther, für die Rechte der Indigenen in den USA, gemeinsam mit Greenpeace für die Umwelt, für die Frauenbewegung, ganz vorne beim Women's March – Jane Fonda eine Aktivistin zu nennen, scheint leicht untertrieben. Sie gründet die Fonda Family Foundation, die Jane Fonda Foundation und, gemeinsam mit den Feministinnen Gloria Steinem und Robin Morgan, das Women's Media Center, das die öffentliche Stimme der Frauen stärken soll. Sie protestiert gegen den Irak-Krieg der USA und weist mit schärfsten Worten Donald Trumps Angriffe auf die Medien zurück. »Wenn man etwas über den Aufstieg des Dritten Reichs und Adolf Hitler gelesen hat, dann wird man Parallelen sehen. Die Medien zu attackieren, ist der erste Schritt Richtung Faschismus«, sagt sie im November 2018 bei einer Preisverleihung im Women's Media Center. In einem Podcast nimmt sie Trump noch einmal aufs Korn: »Ich hasse, wofür er steht, was er tut und was er sagt.« Und doch, sein Verhalten sei das eines Verwundeten. »Dies ist ein Mann, der als Kind von seinem Vater traumatisiert wurde und der eine Mutter hatte, die ihn nicht beschützte.«

Als Business-Frau gründete sie in den Achtzigerjahren ein Fitness-Imperium, angefangen mit ihrem ersten Aerobic-Video, das sie 1982 aufnahm und das die erste weltweite Fitness-Welle auslöste. Es machte sie zur Millionärin – und blieb das meistverkaufte VHS-Video aller Zeiten. Doch ihren schlanken Körper peinigte sie auch mit Bulimie, unter der sie mehr als 20 Jahre lang litt und die sie erst überwand, als ihr eines Tages klar wurde: »Ich musste mich entscheiden: Ich lebe oder ich sterbe.«

»Ich date nicht mehr. Ich habe meinen Laden unten zugemacht.«

Sie besiegte den Krebs und erhielt neue Hüften und Kniegelenke, sie überstand drei Ehen. Nach Roger Vadim heiratete sie den demokratischen Politiker und Bürgerrechtler Tom Hayden, mit dem sie Sohn Troy bekam und Tochter Mary Luana adoptierte. Nach der Scheidung wurde sie dann die Frau des Milliardärs und CNN-Gründers Ted Turner, von dem sie sich 2001 scheiden ließ. Seit 2017 ist sie Single, endgültig, wie sie sagt. »Ich date nicht mehr. Ich habe meinen Laden unten zugemacht.«

Die meiste Energie steckte sie in ihre Weltkarriere im Kino. Zugegeben, es waren Nieten darunter und einige ihrer weit über 50 Filme wurden von der Kritik praktisch zerfetzt, doch neben zwei Oscars gewann sie auch vier Golden Globes und Dutzende weitere Preise. Ende der Siebziger hatte sie beschlossen, nur noch zu drehen, wenn das Thema eine Relevanz für sie habe, und sogar nach einer Pause von 15 Jahren ging es weiter. 2005, mit bald 70 Jahren, kehrte sie zurück. »Book Club«, 2018 mit Diane Keaton, war ein Welterfolg und spielte allein an der Kinokasse über 100 Millionen Dollar ein. In der Komödie stachelt sie als Unternehmerin Vivian ihre Freundinnen zu mehr Courage (und zu mehr Sex) auf, da sie nicht zu den Leuten gehören will, »die aufhören zu leben, bevor sie aufhören zu leben«.

Im September 2019 bringt die britische *Vogue* Jane Fonda dann erneut auf ihr Cover, zum zweiten Mal in nur einem Jahr und auf Meghan Markles Wunsch, Co-Chefredakteurin der Ausgabe. Die Herzogin von Sussex, Role Model für die neue, kosmopolitische Generation, zeigt 15 Frauen, die sie als wichtig, wegweisend und inspirierend bewundert und würdigt. Jane Fonda, 81 Jahre alt, ist dabei. Natürlich ist sie dabei.

Ihren 82. Geburtstag am 21. Dezember hätte sie dann beinahe in einer Gefängniszelle in Washington verbracht, erst ein paar Stunden vor Mitternacht kam sie frei. Nach Demonstrationen für bessere Klimaschutzgesetze in den USA war sie wieder einmal festgenommen worden. Seit Mitte Oktober hatte Jane Fonda die »Fire Drill Fridays«-Proteste auf den Stufen des Kapitols unterstützt – jeden Freitag, immer im signalroten Mantel, des Öfteren die mit weißen Kabelbindern zusammengebundenen Hände in die Luft gereckt, kurz bevor die Polizei sie gefesselt abführte und auch schon mal über Nacht einsperrte. Jede Verhaftung sei von Vorteil, denn sie lenke den Blick auf die Sache, erklärte sie. Für das Recht aller, in einer gesünderen Umwelt zu leben, will sie weiter streiten. Natürlich ist sie dabei.

ERIKA *PLUHAR*

»Ich hab eine große Zuneigung zum Leben.«

Von der »Femme fatale« zur moralischen Instanz – und zu ihrem 80. Geburtstag das Versprechen: »Meine Stimme, solange ich lebe, wird man hören müssen.«

»Sing dagegen an …!« Einmischen, aufstehen, standhalten – während in Österreich ein schmutziger Wahlkampf um die künftige Bundesregierung tobt, geht Erika Pluhar auf die Konzertbühne. Und singt gegen Mutlosigkeit, Verdrossenheit und Ausgrenzung, für Verstand, Gefühl und den Willen, das Leben auch schön zu finden und nicht nur zu klagen. Es ist das Jahr 2017, und es ist ihr ganz eigener Kampf gegen eine Politik von Rechts, die den Nationalismus schürt, die den Menschen Angst machen und sie gegen alles, was anders ist, aufhetzen möchte. Zwei Jahre später wird sie 80 Jahre alt, und sie sagt: »Meine Stimme, solange ich lebe, wird man hören müssen.«

Sängerin, Schriftstellerin, Schauspielerin, Regisseurin, Erika Pluhar ist die wohl bekannteste lebende Österreicherin, und so wurde sie zu ihrem 80. Geburtstag am 28. Februar 2019 denn auch quasi im Sekundentakt geehrt, wie ein TV-Moderator (der sie ebenfalls eingeladen hatte) halb spöttisch, halb liebevoll bemerkte. Doch trotz aller Begeisterung und Zuneigung, die ihr entgegenflog – die Jubilarin selbst betrachtet die Ehrerbietung ihrer Landsleute eher skeptisch. »Ich wurde jetzt für mein Lebenswerk geehrt. Und da sage ich immer: Ein Lebenswerk kann man nur schaffen, in einer Zeit, in der drei Generationen nahezu ohne Krieg aufwachsen. Und Österreich ist ein gesegnetes Land – weltweit. Und deswegen macht es mich traurig, wenn man trotzdem Menschen immer wieder in Hysterie versetzt, in Angst vor Fremden – dass das wieder passieren kann.«

Kurz vor Kriegsbeginn geboren, war die Wienerin, mittlere von drei Schwestern, im 21. Gemeindebezirk, einem Arbeiterviertel, aufgewachsen und gleich nach Kriegsende eingeschult worden. An das erhebende Gefühl erinnert sie sich noch im Alter. »Ich bin so unendlich gern in die Schule gegangen. Das Lesen und Schreiben waren ein beglückendes Universum nach dem Grauen des Krieges, das ich als Kind hautnah erleben musste. Es war der Reiz des Erfinden-Könnens eines anderen Lebens.«

Die »blede, klane Erika Pluhar aus Floridsdorf« wird der Star am Burgtheater

Erfinden, sich erfinden, andere Leben erfinden – es sollte so etwas wie der Leitfaden ihres eigenen Lebens werden. Sie selbst nennt es diesen »Drang, der eigenen Existenz zu entfliehen in etwas ihr Fernes, Größeres, Vielfältigeres«. Bereits als Kind hatte sie kleine Stücke geschrieben, mit Nachbarskindern aufgeführt und recht früh beschlossen, Schauspielerin zu werden. Was dann im Grunde auch wie am Schnürchen klappte. Nach dem Abitur, der Matura, bestand sie die Aufnahmeprüfung ans renommierte Max Reinhardt Seminar, und noch vor der Abschlussprüfung wurde die »blede, klane Erika Pluhar aus Floridsdorf«, wie sie ihrer Schwester Gitti schreibt, als Elevin am Burgtheater, einer der großen internationalen Theaterbühnen, engagiert. Da war sie gerade 20 Jahre alt, und sie sollte exakt bis zu ihrem 60. Geburtstag bleiben.

In vier Jahrzehnten spielte sich Erika Pluhar durch ein breites Repertoire. Schon bald übernahm sie die Hauptrollen, Maria Stuart, Hedda Gabler, die Desdemona, »Eine gebrochene Frau« nach Simone de Beauvoir; sie zählte zu den festen Größen auf der Bühne, als erste Schauspielerin der Burg zeigte sie sich dem Publikum nackt – für viele eine wahre »Femme fatale«. Teil der Wiener Prominenz, galt sie über Jahre als begehrteste Frau Österreichs, ein Ruf, der auch aus ihrem turbulenten, glanzvollen Privatleben herrührte. Und doch: Ihr strahlendes Leben hat auch eine Schattenseite, die nur wenige kannten. Sie selbst spricht erst Jahre später offen darüber: »Es waren keine glamourösen Jahre, sondern sehr schwierige.«

Zweimal war sie verheiratet und beide Männer waren: außergewöhnlich, kreativ, sehr umstritten. Und dominant. »In Wahrheit war es in meinen Ehen sehr schmerzvoll. Meine Ehemänner waren machtorientierte Menschen und ich musste darum ringen, nicht zerstört zu werden.« 1962 heiratete sie Udo Proksch, Künstler, Designer und Besitzer der Hofzuckerbäckerei Demel, mit dem sie Tochter Anna bekam, die sie dann aber vorwiegend allein großzog. Der Vater hielt wenig vom Familienleben.

»Der war ein ganz faszinierender Kerl, ein sprühender Mensch, der mich mit seiner Ideenfülle und Unbekümmertheit anzog«, berichtet sie später. »Ich war ja eher brav und pflichterfüllt. Obwohl er ein kleiner, klobiger Mann mit breitem Gesicht war, sind ihm die Frauen buchstäblich nachgerannt. Diesen seltsamen, leicht verrückten Menschen habe ich sehr geliebt ... Er war immer unterwegs und hat mich ständig beschissen. Und er wurde Alkoholiker. Das war das Schlimmste. Im Alkohol hat er mich zweimal wirklich verprügelt.« Nach fünf Jahren trennte sie sich schließlich. »Bel Ami«, ihr erster großer Film, und die Affäre mit ihrem Filmpartner, der sich, so ganz anders als ihr Mann, »zärtlich, höflich und respektvoll« verhielt, hatten ihr die Kraft gegeben.

Doch als Udo Proksch 1992 im Fall Lucona wegen sechsfachen Mordes verurteilt wurde, hielt sie dennoch zu ihm. Um das Geld der Versicherung zu kassieren, hatte er einen Frachter in die Luft sprengen lassen, sechs Seeleute kamen ums Leben, nach einer aufsehenerregenden Flucht ging er ins Gefängnis. Wo Erika Pluhar ihn bis zu seinem Tod 2001 regelmäßig besuchte.

Als »Bel Ami« im Fernsehen gezeigt und sie 1968 buchstäblich über Nacht auch als Filmstar berühmt wurde, befand sie sich auf direktem Wege in ihre zweite Ehe. »Wieder war es ein werdendes Genie, das mich einfing, diesmal ein blutjunger, unausgegorener Mensch, aber strotzend vor Ideen und selbstsicherer Künstlerschaft ... Wir wurden ein Fressen für die Medien.« Dass dieses Genie, der damalige Rundfunk-Discjockey André Heller, acht Jahre jünger war als sie, erfuhr sie auf dem Standesamt, dass er mit einem Freund gewettet hatte, wer von beiden sie bekommen würde, erst später. Nach drei Ehejahren ging man wieder auseinander, doch die Freundschaft, die sich danach entwickelte, überdauert bis heute. Inzwischen längst ergraut, schwärmt André Heller im Jahr 2013 öffentlich über die nun 74-Jährige: »Sie hat nicht das gewisse Etwas, sie hat das gewisse Ganze.«

Wie er in seiner Rede zur Verleihung des Billy Wilder Awards 2007 an Erika Pluhar launig berichtete, hatte der Sohn aus der Schokoladenfabrik Heller sein gesamtes Erbe – gut 100 000 Mark – in einen Film gesteckt, um die von ihm angebetete »Bühnen-Göttin« als Hauptdarstellerin engagieren zu können. »Und mein Erbe zu verpulvern für die Chance, IHR vorgestellt zu werden, schien mir noch eine ziemlich günstige Angelegenheit.« Zu seiner »uferlosen Freude« hätten ihn nach der Hochzeit 1969 alle Hotelportiers »Herr Pluhar« genannt, was die Ehe aber trotzdem nicht retten konnte. Dass sie sich seinen Plänen einer Weltkarriere widersetzte, trägt ihr der Künstler auch Jahrzehnte später noch nach. Es hätte Hollywood werden können, beklagte er in einem gemeinsamen Fernsehinterview 2013, aber sie habe nicht gewollt, »Floridsdorf war stärker«.

Und in der Tat: Auch wenn sie häufig international arbeitete, in London Theater spielte, in Portugal Musik machte, in der Westsahara einen Film drehte, so blieb Erika Pluhar doch tief in Wien verwurzelt. Nach der ersten Scheidung hatte sie ein neues Heim in Grinzing gefunden und dieses Haus, eine alte efeuumrankte Villa, nie wieder aufgegeben. »Das ist mein Zentrum, der Humus meines Lebens« – und seit Langem ihre Schreibwerkstatt.

1991 hatte sie den ersten Roman, »Als gehörte eins zum andern«, herausgebracht. Das Buch verkaufte sich gut, wurde aber so gründlich verrissen, »dass eigentlich jeder Mensch aufhören würde zu schreiben«, wie Erika Pluhar sagt, »ich nicht.« In den nächsten Jahrzehnten wird sie etwa 30 weitere Bücher veröffentlichen, darunter Erinnerungen, Tagebücher, Auskunft über ihr Leben als »öffentliche Frau«, wie sie sich selbst beschreibt. 2019, kurz nach ihrem 80. Geburtstag, legt sie eine Sammlung von Aufsätzen, Briefen und Reden vor, der Titel gibt den Ton vor: »Die Stimme erheben«.

Auch mit ihren Chansons hat sie es auf bislang 30 Veröffentlichungen gebracht. Inspiriert von André Heller hatte sie, parallel zu Theater und Film, Anfang der Siebzigerjahre eine dritte Karriere gestartet. Waren es anfangs Lieder, die ihr Heller, der inzwischen als Chansonnier auftrat, schrieb, so ging sie bald dazu über, vor allem eigene Texte vorzutragen. Liebeslieder, Wiener Lieder, politische Lieder. Und wieder musste sie ihren Kopf erst durchsetzen. »Die Plattenfirma hat gesagt, aber geh, warum müssen S' denn selber schreiben? … Denen wäre es lieber gewesen, wenn ich mit rauchiger

Erika Pluhar: »Damals«, Plattencover von 2006

Stimme und Flitterkleid immer weiter gesungen hätte, mein Mann, diridi, diridi, weil sich das halt besser verkauft hat.«

Ein altes Haus in Grinzing – »der Humus meines Lebens«

Vom Burgtheater hat sie sich nach 40 Jahren verabschiedet – am 28. Februar 1999, ihrem 60. Geburtstag, in Maxim Gorkis »Kinder der Sonne«. Mit dem neuen Intendanten Claus Peymann war sie nicht zurechtgekommen, und als sie ihm schon 1987 in einem offenen Brief vorwarf, er desavouiere das Ensemble, war der Bruch wohl auch nicht mehr zu kitten. »Was mir davon erhalten blieb, war die öffentliche Meinung, ich sei eine unglückliche, alternde Schauspielerin, die nicht mehr beschäftigt werde und dem Vergangenen nachtrauere.« Doch sie hielt stand. »Ich weiß seither, dass die Meinung der Umwelt, auch wenn sie einen beschämt und entwürdigt, nicht an der Festigkeit der eigenen Überzeugung kratzen darf.« Der Rückzug von der Burg sollte der Schritt in ein neues, unbeschwerteres Leben sein. So hatte sie es geplant.

Doch wenige Monate später schlug das Schicksal mit aller Brutalität zu – Tochter Anna starb nach einem Asthmaanfall mit 37 Jahren an Herzversagen. Es war der Einschnitt in ihrem Leben, der Erika Pluhar beinahe selbst ums Leben gebracht hätte. Wäre nicht der 15-jährige Ignaz gewesen, hätte sie sich womöglich selbst getötet, wie sie sehr viel später erklärte. Doch »da gab es meinen Enkelsohn, der damals nur mich hatte und so musste ich am Leben bleiben. Sonst hätte ich gerne den Tod gewählt, so wie ich mir den Tod vorstelle: als ein Nichts nämlich ... Nichts mehr zu fühlen, nicht mehr zu sein. Aber ich habe mich ins Leben zurückgelebt«.

Mehr als zwei Jahre habe es gedauert, bis das Leben sie zurück hatte. »Mein Enkelsohn und ich haben die Zeit danach gemeinsam überlebt. Das war sehr hart ... Ihr Tod war für mich unfassbar und ist es immer noch.« Als Großmutter zog sie nun den Jungen auf, den ihre Tochter, als er noch ein Baby war, adoptiert hatte. Seine Eltern, die aus der Westsahara stammten, hatten ihn weggeben müssen. Mit Ignaz Pluhar drehte sie 2012 den Film »Sahara in mir«, eine Dokumentation darüber, wie »Igi« als junger Mann sein Ursprungsland kennenlernt und erkundet.

Auf eine seltene, ungeschützte Art gibt Erika Pluhar Auskunft über sich und ihr Schicksal, über das sie sagt: »Das Leben hat mir ganz gut eingeschenkt.« 2018 schreibt sie ein Buch über ihre Tochter, »Anna«, und über ihr Unglück, dass sie als Mutter den eigenen Erwartungen nicht genügen konnte. Journalisten befragen sie ohne Scheu über ihr Trauma und über ihre Ängste, den Tod ihres Kindes, das Alter, das Sterben. Ihre Anorexie in der Jugend, ihre jahrelange Psychotherapie, die Heilung ihrer »verstörten Seele«, der Tod ihrer großen Liebe, des Schauspielers Peter Vogel, der sich 1978 nach langer Alkoholkrankheit das Leben genommen hatte – sie weicht keinem Thema aus.

Vielen ihrer Landsleute gilt sie deshalb nicht nur als Star und als »öffentliche Frau«, wie sie eines ihrer Bücher benannte, sondern seit sehr vielen Jahren vor allem als moralische Instanz, man könnte auch einfach sagen: Auf Erika Pluhar ist

Verlass, sie duckt sich nicht. Opportunisten sind ihr ein Gräuel, denn »so schleicht sich das langsam ein, dieses Sich-Ergeben, einem Zeitgeist, dem an nur mit aller Gewalt widersprechen sollte und muss«. Doch auch wenn sie sich als politische Stimme versteht, eine Karriere in der Politik lehnte sie ab. Sie war sowohl für den Posten der Kulturministerin als auch der Bundespräsidentin im Gespräch – beides kam nicht in Frage. Denn »dann verliert man auch die Freiheit, wirklich was zu sagen«.

Engagiert und voller Leidenschaft bestreitet sie Konzerte, Lesungen und Talkshows, redet und schreibt und singt gegen die neuen Rechten: »Ich nenne es faschistisch, ich tu da gar nicht groß herum.« Sie lässt sich nicht mundtot machen, auch wenn die Reaktionen gehässig und bösartig sein können. Als sie gegen den FPÖ-Politiker Jörg Haider und seine Politik ein Lied schreibt, habe sie anonyme Briefe erhalten, »vor allem nach dem Tod meiner Tochter. Ihr Tod ›geschehe mir recht‹, las ich da – weil ich ›gegen den Jörgl‹ sei«.

2019, zu ihrem 80. Geburtstag, verrät sie ihren Vorsatz, den sie mit 60 Jahren gefasst hatte: »Wenn weiterleben, dann bitte lebendig weiterleben und nicht zu Stein werden.« Und dann sagt sie noch: »Ich hab eine große Zuneigung zum Leben.«

GEBOREN AM 31. OKTOBER 1939 IN LINDAU

HERLINDE *KOELBL*

»Mich interessiert immer: Was denken Menschen, was ist ihr Geist, ihre Lebenseinstellung?«

Spätstarterin, Autodidaktin – die Fotografin sieht mit ihren Bildern den Menschen direkt in die Seele

Wer ist meine Zielgruppe? Wem werden meine Fotografien gefallen? Und was verlangt der Zeitgeist? Nein, solche strategischen Fragen habe sie sich nie gestellt, sagt Herlinde Koelbl. Im Gegenteil, sobald ihr ein Thema am Herzen lag, habe sie es einfach angepackt und nach ihren Vorstellungen umgesetzt. »Wenn man nämlich daran denkt, was die Leute von einem halten, dann ist man schon verloren als Künstler. Das geht nicht.«

Seit 40 Jahren ist Herlinde Koelbl mit der Kamera unterwegs, seit 40 Jahren folgt sie ihrem Gespür und ihrem Herzen – und sie tut es mit großem Erfolg. Im Jahr 1980 stellte die damals noch unbekannte Fotografin ihren ersten Fotoband vor, 40 Jahre danach plant sie für 2020 von Bologna bis Leipzig mehrere Ausstellungen und bereitet sich parallel auf neue Projekte vor. Dazwischen, so die 80-Jährige, liegt ein »intensives, aufregendes, ganz spannendes Leben mit vielen positiven Begegnungen«. Vor allem aber ist es aber ein Berufsleben in großer Unabhängigkeit, mit einer Freiheit, wie sie sich nur wenige Menschen zugestehen. Denn ob Themenfindung, Recherche, Umsetzung oder Finanzierung, die meisten ihrer Arbeiten verfolgt sie ganz auf eigene Kosten und ohne die Garantie, dass das Werk am Ende überhaupt veröffentlicht wird, »ich habe immer ohne Sicherung gearbeitet«.

Auch schnelle Verwertung ist nicht ihre Sache, denn abgesehen von einzelnen Aufträgen für Magazine und Tageszeitungen unternimmt Herlinde Koelbl vor allem aufwendige, langfristige Studien, die über viele Jahre laufen können, wie die »Spuren der Macht«. Für diesen Bilderzyklus hat sie seit 1991 einmal pro Jahr mehrere Politiker fotografiert – unter ihnen Gerhard Schröder, Joschka Fischer, Angela Merkel – und festgehalten, wie diese sich im Laufe der Zeit veränderten: wie sich die Spuren der Macht in die Gesichter eingraben, wie Macht den Menschen auch äußerlich verändert, den Blick, die Haltung, die Ausstrahlung. Die Erkenntnis aus ihrer Langzeitbeobachtung: »Sie lächeln zwar freundlich, aber sie versuchen, nichts mehr aus ihrem Inneren nach außen zu lassen.« Der anfangs noch offene, neugierige Blick verschließt sich, wird immer mehr von einer Maske überdeckt, und »irgendwann ist es so, dass sie ein Teil der Maske werden«.

Chronistin, Fotografin, Journalistin, Dokumentarfilmerin, Soziologin, Künstlerin – die Beschreibungen für Herlinde Koelbl sind ebenso vielfältig wie ihr Werk. Da gibt es Fotoessays ohne Text wie in »Feine Leute«, lange Interviews mit Schwarz-Weiß-Bildern wie in ihrer Studie über Schriftsteller und deren Arbeitszimmer, Videoinstallationen, Fernsehfilme wie »Die Meute« über die Berliner Hauptstadtjournalisten und ihr Wechselspiel mit der Politik, außerdem die Kolumne »Das war meine Rettung«, für die sie bisher mit weit mehr als 100 prominenten Menschen Gespräche zu den Wendepunkten in ihrem Leben geführt hat. Gespräche, die mal traurig, mal dramatisch, mal komisch und in jedem Fall bewegend zu lesen sind.

Schon ihrer ersten großen Arbeit Ende der Siebzigerjahre, »Das deutsche Wohnzimmer«, hatte sie einen großen Gedanken vorausgeschickt und sich die Frage gestellt: »Ist die Wohnung ein Spiegel der Seele ihrer Bewohner?« Also besucht sie Menschen in ihren Wohnzimmern, bittet sie, dort nach Lust und Laune Platz zu nehmen und hält die Szenerien in Fotografien fest. Vom freischaffenden Künstler über den Bauern bis zur Prinzessin – es sind die unterschiedlichsten Typen und Charaktere, die ihr die Tür öffnen und sie in ihr Zuhause blicken lassen, die ihre Bücherwand, Couchgarnitur, Geweihsammlung zeigen. Während die einen stolz erklären, sie hätten »es geschafft« und das dürfe man ruhig auch sehen, präsentiert der Nächste ein karges Ambiente, das seine Abkehr vom Konsumzwang zum Ausdruck bringen soll. Und überrascht stellt der Betrachter fest, dass ein Sujet, das auf den ersten

Die »Spuren der Macht«: Für ihr Langzeitprojekt fotografierte Herlinde Koelbl Angela Merkel

Blick banal oder zumindest alltäglich erscheint, plötzlich gesellschaftliche Relevanz erhält und zur soziologischen Studie reift. Nichts anderes hat die Fotografin erwartet. »Mich interessiert immer: Was denken Menschen, was ist ihr Geist, ihre Lebenseinstellung? Was ist hinter der Körperlichkeit?«

»Als ich die Fotografie entdeckte, war es wie ein Ankommen.«

»Ist die Wohnung ein Spiegel der Seele ihrer Bewohner?« Die Frage bleibt … Gut 20 Jahre später legt Herlinde Koelbl einen Zyklus über Menschen in ihren Schlafzimmern nach. Von London über Berlin, Moskau, Rom, New York, Paris gewähren Singles, Paare, Familien Einblick in ihren privatesten Bereich, lüften ein wenig ihrer Intimität, demonstrieren, was der Raum für sie bedeutet. Dabei turnen sie nackt auf dem Bett wie zwei Yogalehrer, inszenieren sich spärlich bekleidet auf weißem Laken wie der Designer Wolfgang Joop, geben sich bereit für die große Bühne wie ein Nachtclub-Star. Freimütig sprechen sie von ihrer Befindlichkeit, von den Dämonen der Nacht, ihren Sehnsüchten, von der hässlichen Zeitverschwendung, die Schlaf für sie bedeutet. Wieder öffnen die Menschen nicht nur die Tür, sondern sehr oft auch ihre Seele. Es ist eine Offenheit auf Gegenseitigkeit, wie Herlinde Koelbl betont: »Wenn man Menschen fotografiert, ist man immer wieder mit der eigenen Person gefordert, weil man Menschen spüren muss, sich einlassen muss, Menschen auch etwas geben muss, bevor man etwas nehmen kann.«

Als Autodidaktin und obendrein Spätstarterin brachte sie eigentlich nicht die besten Voraussetzungen für eine große Karriere mit. Geboren in Lindau am Bodensee, hatte Herlinde Koelbl nach der Schule und Auslandsstationen in der Schweiz und in London 1959 in München geheiratet und ab 1960 dort an der Modeschule studiert. Dann kam das erste Kind, drei weitere folgten, sie verschob ihre beruflichen Ambitionen und war erst einmal ausschließlich für die Familie da. Fotografie? War kein Thema in Herlinde Koelbls Leben. Bis sie irgendwann ein paar Filme geschenkt bekam und auf der Kamera ihres Mannes begann, die Kinder beim Spielen abzulichten. Ein Freund zeigte ihr, wie sie Bilder selbst entwickeln konnte – dann war es passiert. »Als ich die Fotografie entdeckte, war es wie ein Ankommen. Ich wusste, ich hatte das Richtige für mich gefunden.« Bis dahin sei sie eine »Suchende« gewesen, erklärte sie Jahrzehnte später. Das Gefühl, angekommen zu sein, »das sehe ich heute noch so«.

Mit 37 Jahren startete Herlinde Koelbl auf ihrem neuen Weg, und es ging zügig vorwärts. Gleich die erste Arbeit, über bayerische Wochenmärkte, brachte sie beim »Stern« unter, in den Siebzigern eines der großen Magazine, auch für exzellente Fotografie. Nur wenig später dann die »Wohnzimmer«, 1986 schließlich die »Feinen Leute«, eine Fotostudie, in der sie die sogenannte bessere Gesellschaft auf Bällen, Soireen, adeligen Hochzeiten, bei ihren Ritualen und im besten Gewand zeigt.

Heute zählt der Band zu den Klassikern der Society-Fotografie. Dass auch bei den »Feinen« Masken fallen, eine große Robe nicht immer Stil garantiert, und ein Blick oder die Körpersprache den Menschen verrät, hielt die Fotografin ebenfalls fest. Entstanden ist ein Bilder-Buch, das, ganz ohne Text, eine Geschichte erzählt, skurril und komisch, aber auch peinlich und bedrückend. Eine Geschichte, die so wohl nur Herlinde Koelbl erzählen konnte. »Mich interessierte die Interaktion. Ich ging allein durch die Säle und habe geschaut, was passiert.« Schon in jungen Jahren hatte sie sich für Verhaltensforschung interessiert, die Bücher von Margaret Mead und Kollegen gelesen. Jetzt fand sie deren Forschungsergebnisse und Lehren im Leben wieder – und machte sich ein Bild davon.

So gründlich und leidenschaftlich sie sich auch in jedes ihrer Themen einarbeitete, ihre neue Leidenschaft, ihren Beruf scheint sie einigermaßen unbefangen angenommen zu haben. »Ich kannte die Fotografie-Welt nicht. Ich hatte auch keinerlei Netzwerk. Ich habe mir alles selbst beigebracht. Ich kam aus dem Nichts.« Und sie hatte keine Vorbilder, was ganz offensichtlich den Blick für ein breites Spektrum weitet.

Ihre Studien allerdings geht sie mit äußerster Akribie an, zu allererst, was den theoretischen Hintergrund betrifft. Für die »Jüdischen Porträts« studierte sie die jüdische Geschichte, die Bibel, jüdische Biografien, und sie las die Werke derer, die sie porträtieren wollte, wie Erich Fried, Georg Solti, Karl Popper, Erika Landau, Ida Ehre.

»Ich betrachte es immer noch als Glück, dass ich das tue, was ich tue.«

Entstanden ist 1989 ein einzigartig eindrückliches Buch, das sie bis heute ihre wichtigste Arbeit nennt. Über drei Jahre hinweg traf sie insgesamt 80 jüdische Persönlichkeiten aus dem deutschen Sprachraum, der jüngste war damals 70, der älteste 94 Jahre alt. Sie alle hatten den Holocaust überlebt, alle hatten während der Shoa Angehörige, Eltern, Geschwister, den Mann oder die Ehefrau, Freunde verloren. In langen Interviews berichten sie Herlinde Koelbl von ihren Schicksalen. Sie sprechen über Gott, die verlorene Heimat und auch über neuen Antisemitismus. »Mich hat überrascht, dass sie, bis auf wenige Ausnahmen, nicht voller Hass waren. Das hat mich enorm beeindruckt. Auch dass sie so viel Humor und Weisheit hatten. Und dass sie so bescheiden waren, obwohl sie in der Welt Großes geleistet hatten … Ich denke, sie könnten wirkliche Vorbilder für unsere Gesellschaft sein.«

Es sind nachdenkliche und bereichernde Gespräche, die gleichzeitig große Kraft erfordern. Von beiden Seiten. Als die fast 80-jährige Herlinde Koelbl in einem Interview von ihren Eindrücken erzählt, kommen ihr, mehr als 30 Jahre danach, die Tränen. »Ich wusste schon damals …, das wird mir nie wieder aus dem Kopf gehen.«

Von ihrem eigenen Leben gibt sie wenig preis. Lebhaft, mit den roten, auf dem Kopf festgesteckten Locken, und meist in leuchtende Farben gekleidet, ist sie zwar unübersehbar, aber dennoch nur selten im Vordergrund. Sie will das so. »Die wichtigste Regel in meiner Arbeit ist: das eigene Ego zurückzunehmen … Selbst ist man nicht wichtig. Das Gegenüber ist wichtig, derjenige, den man fotografieren will.«

Mit dem Alter wird ihr Blick, werden ihre Themen zunehmend politisch. 2014 legt sie den Band »Targets« vor, für den sie in 31 Ländern die Armee besucht und Schießscheiben fotografiert hat, an denen Soldaten das Zielen auf den Feind üben. Diesmal lautete ihre Ausgangsfrage: Wie werden Feindbilder eingeübt, wie werden Soldaten konditioniert? »Für mich waren die ›Targets‹ ein exemplarisches Beispiel, besonders die in Amerika. Vor etlichen Jahren noch hat man dort auf Ziele geschossen, die dreidimensionale grüne Männchen waren und ›Iwan‹ hießen. Diese hatten am Helm einen roten Stern, weil der Feind die Sowjetunion war … Jetzt sieht man ganz oft arabisch-orientalisch gekleidete Ziele.« Sechs Jahre lang verfolgte sie das Projekt mit großer Hartnäckigkeit und trotz vieler Hürden. »Das Militär ist immer sehr misstrauisch, eine geschlossene Gesellschaft. Die Genehmigungen zu bekommen, war daher ein langwieriger Prozess … Auf das Okay für die Vereinigten Arabischen Emirate wartete ich vier Jahre, für Russland zwei, auch bis ich in China fotografieren durfte, dauerte es ewig.« Seitdem haben sich die politischen Verhältnisse keineswegs entspannt. In vielen der Länder, etwa der Ukraine, in Polen oder Russland, bekäme sie inzwischen ganz sicher keine Erlaubnis für diese Fotos mehr, berichtet sie 2014 in einem Interview.

2017 nahm sie sich der Flüchtlingskrise an und besuchte Camps in Italien, Griechenland, Deutschland. Ihre anschließende Ausstellung »Refugees« wanderte von Straßburg über Luxemburg bis Berlin und München. Was sie in den Lagern vorfand und festhielt, sind Bilder von Hoffnung und Resignation, von Durchhaltewillen und dem unbedingten Wunsch, sich auf die neuen Verhältnisse einzurichten. Bilder, die zeigen, was ein Leben im Dauermodus des Wartens bedeutet. Kleine Kinder, die ihre Kriegserlebnisse nachspielen, Zeltlager ohne einen Rest von Privatsphäre für die einzelnen Menschen, junge Erwachsene beim Unterricht, beim Gebet. »Mein Anliegen war es herauszufinden, wie es weitergeht nach der Ankunft der Flüchtenden ... Wenn die Schlaglichter von dramatischen Situationen des Ankommens erloschen sind und das alltägliche Leben beginnt«, schreibt Herlinde Koelbl im Begleitheft. Und sie zitiert die Schriftstellerin Herta Müller, die 1987 von Rumänien nach Deutschland ausgereist war: »Schon in der ersten Ruhe nach der Flucht wirst du einsam.«

Schönheit und Banales, Schrecken, Liebe und Leid, Herlinde Koelbl hat das Leben in seinen Facetten gesucht und festgehalten. Mit ihrem 30-Kilo-Rucksack voller Equipment und Technik reist sie ihren Motiven hinterher, bleibt sie der Zeit auf der Spur, »eine Menschenforscherin mit der Kamera«, wie TV-Moderator Max Mohr sie seinen Zuschauern vorstellte. Es ist eine Mischung aus Neugier und dem Suchen von Antworten, die sie antreibt, »mit jedem neuen Thema erweitere ich auch meinen eigenen Horizont«. Es ist das, was ihr Leben ausmacht. Gerade 80 Jahre alt geworden, sagt sie schlicht: »Ich betrachte es immer noch als Glück, dass ich das tue, was ich tue.«

MARGARET *ATWOOD*

»Respektiere das Blatt Papier, es ist alles, was du hast.«
Bestsellerautorin und Prophetin – wie ein Seismograf erfühlt Margaret Atwood in ihren Büchern die Themen und Gefahren der Zukunft

So viel Wirbel um ein Buch war selten. Schweigegebote für Journalisten, die den Roman bereits lesen durften; am Erscheinungstag um Mitternacht ein Großevent mit der Autorin in London, der gleichzeitig weltweit in 1000 Kinos übertragen wurde. Und obwohl noch nicht einmal erschienen, hatte das Werk bereits eine Platzierung auf der Shortlist für den renommierten Booker Prize. Mehr als drei Jahrzehnte nach ihrem Bestseller »The Handmaid's Tale« (»Der Report der Magd«) stellte Margaret Atwood am 10. September 2019 dessen Fortsetzung »The Testaments« (»Die Zeuginnen«) vor. Und seit der Aufregung um die »Harry Potter«-Bände hatte es wohl keine Neuerscheinung mehr gegeben, die den globalen Buchmarkt derart elektrisierte. Denn die spannende Frage war: Wie würde er wohl weitergehen, der Report um die Magd und all die anderen versklavten Frauen im fiktiven Unterdrückerstaat Gilead? Welches Schicksal hatte die Autorin für sie vorgesehen? Die Antwort blieb bis zuletzt streng geheim.

Es hätte leicht schiefgehen können. Kurz zuvor hatte Margaret Atwood ihren Laptop an Bord eines Flugzeugs vergessen. Zwar war das fertige Manuskript nicht darauf abgespeichert, dafür aber genügend Informationen zum Inhalt. Diese in den falschen Händen wäre »eine Katastrophe« gewesen, wie sie später einer Reporterin gesteht. Doch trotz des Rummels und der Vorschusslorbeeren: Der jüngste Wurf der kanadischen Schriftstellerin ist lediglich der bisherige Höhepunkt in einer Reihe großartiger Erfolge.

Mehr als 60 Bände hat Margaret Atwood veröffentlicht, mehr als 100 Preise dafür bekommen, so 2019 als 79-Jährige und damit als älteste Autorin auch den Booker Prize, die wichtigste britische Literaturauszeichnung. Insgesamt wurde ihr Werk in mehr als 30 Sprachen übersetzt. Es gab Jahre, da veröffentlichte sie drei Bücher hintereinander, ihre Essays, Beiträge zur politischen und gesellschaftlichen Debatte, sind Legende. Und ganz offensichtlich verehrt sie fast alle Genres: Neben Romanen schreibt sie Gedichte, Essays, Kurzgeschichten, Sachbücher, Kinderbücher, Drehbücher, auch eine Graphic Novel. Über viele Jahre lehrte die Literaturwissenschaftlerin außerdem an diversen Universitäten, wo sie in einer frühen Studie als Erste die »Canlit«, die kanadische Nationalliteratur, als eigenständig definiert. Und sie erfindet eine neue literarische Gattung, die sie »Speculative Fiction« nennt. Ein spekulativer Blick in die Zukunft, eine Prophezeiung, wie es dort sein könnte. Ein gewagter Blick, der sich bei Atwood jedoch nachträglich verblüffend oft als hellsichtig erwiesen hat.

Zu viel Fantasie? Margaret Atwood sagt: Alles kann immer überall passieren.

Verblüffend ist dies allerdings nur für Leser und Kritiker, nicht für die Autorin selbst. Für »The Handmaid's Tale« sammelte sie drei Jahre lang Material: Zeitungsnachrichten, Berichte über Sekten und fanatische Prediger, Beobachtungen auf Reisen in fundamentalistisch regierte Staaten, geschichtliche Belege, Referenzen in der Bibel und in Märchen. Vieles davon floss in ihre Geschichte über den Tyrannenstaat Gilead, wo religiöse Eiferer die totale Kontrolle an sich gerissen haben, wo massenhaft Menschen durch Umweltschäden unfruchtbar geworden sind und wo die herrschende Elite junge Frauen, die sogenannten Mägde, zwingt, ihre Kinder zu gebären. Wer dazu nicht taugt oder sich gar wehrt, wird deportiert – und das ist der sichere Tod. Bei allem Schrecken sei das Buch beileibe keine Fantasie, sagt Margaret Atwood: »Es gibt darin nichts, was es nicht schon gibt.«

Während eines Studienaufenthaltes 1984 in West-Berlin hatte sie den Roman auf einer geliehenen Schreibmaschine begonnen, »George Orwell sah mir dabei über die Schulter.« Bei Besuchen in Ost-Berlin, der Tschechoslowakei, in Polen hatte sie die Angst der Menschen vor Spitzeln, das Trauma des Eingesperrtseins, die Paranoia der herrschenden Klasse erfahren.

Kritiker monierten, Unterdrückung, religiöser Fanatismus, staatlich organisierter Sexismus, todbringende Umweltschäden, all die düsteren Szenarien, die Atwood in ihrem Roman entwarf, seien zu weit hergeholt und in der heutigen Zeit nicht wirklich vorstellbar. Die Autorin konterte kühl: Alles kann immer überall passieren. Und sie sollte recht behalten.

Nur eine Generation später schoss der Roman zurück in die Bestsellerlisten. Das Leben hatte die Fiktion eingeholt. Ein ausgewiesener Sexist war gerade Präsident der Vereinigten Staaten geworden, Frauen zu verachten und sie systematisch verächtlich zu machen, wurde in der Schaltzentrale der globalen Macht plötzlich ganz normal, längst errungene Rechte wurden wieder einkassiert. Oder, wie Margaret Atwood konstatiert: »Es ist die Wiederkehr des Patriarchats.«

1987 war der Roman in Deutschland erschienen, drei Jahre später präsentierte Volker Schlöndorff die Verfilmung dazu. Mit hochkarätiger personeller Begleitung – Natasha Richardson und Faye Dunaway in den Hauptrollen, Harold Pinter hatte das Drehbuch, Ryuichi Sakamoto die Musik geliefert. Obwohl die Mauer zwischen Ost und West bereits gefallen war, gab es dennoch zwei Premieren in Berlin, von denen Margaret Atwood auch Jahrzehnte später noch, tief beeindruckt, erzählt. Im Westteil der Stadt habe man den Film nicht wirklich ernst genommen und eher künstlerisch diskutiert. Ganz anders im Osten. Nicht nur, dass der Saal brechend voll war, das Publikum hatte auch genau verstanden. Die Leute hätten ihr gesagt, sie hätten etwas aus ihrem Leben wiedererkannt. Nämlich das Gefühl, niemandem vertrauen, für ein falsches Wort in Schwierigkeiten geraten zu können.

Als im Jahr 2017 ein Streamingportal die Geschichte mit Elisabeth Moss neu verfilmte, waren auch die Zuschauer im Westen sensibilisiert, die Geschichte der Mägde, denen man ihre Rechte, ihren Besitz und ihren Namen genommen hat, wurde ein großer Erfolg. Und bekam eine neue, aktuelle Bedeutung.

Im Unterdrückerstaat, den Atwood in ihrem Roman entworfen hat, werden die Frauen gezwungen, eine auffällige Kleidung zu tragen: blutrote, lange Mäntel, blutrote Schuhe und Handschuhe, dazu weiße Hauben, die keinen Blick nach links oder rechts zulassen. »Sie sollen uns

Nach 30 Jahren die Rückkehr nach Gilead: Atwood bei der Buchvorstellung

am Sehen hindern, aber auch am Gesehenwerden«, lässt sie die Magd Desfred sagen.

Auch diese auffällige Kleidung kommt nun im wahren Leben an – als Zeichen des Protests gegen Rechtspopulisten, als Symbol gegen die Politik der Regierung Trump. Schweigend verharrten die Demonstrantinnen Ende Juni 2017 vor dem Kapitol in Washington. Sendbotinnen gegen die Abschaffung der Gesundheitsversorgung, wie sie Barack Obama eingeführt hatte, stumm, aber wie ein Signal mit ihren blutroten Mänteln und weißen Hauben. Von da an war die Kluft tausendfach zu sehen, ob in Buenos Aires oder Belfast bei Kundgebungen für das Recht auf Abtreibung, ob in London oder Warschau bei Demonstrationen gegen den Besuch von Donald Trump. »Nie wieder Gilead« hieß es auf Plakaten, »Nicht länger schweigen«.

Der Zeitgeist wiederum hatte Margaret Atwood den Impuls für die Fortsetzung ihres Romans, dessen Faden sie nach 30 Jahren erneut aufnahm, gegeben: »Ich bin wieder nach Gilead gereist, eine religiöse Diktatur, in der beide Bücher spielen, weil sich der Kurs unserer echten Politik so verändert hat. Vor allem in den Vereinigten Staaten. In den Neunzigerjahren hatten wir das Gefühl, dass wir Gilead hinter uns lassen. Doch im 21. Jahrhundert haben wir angefangen, dorthin zurückzukehren.«

Was sie gerne in der Welt verändern würde, wurde Margaret Atwood vor einigen Jahren einmal gefragt. Sie entschied sich dafür, die Menschheit zu retten. Lange bevor Millionen junger Menschen weltweit für die Umwelt streiken würden, sagte sie bereits den drohenden Klimakollaps voraus. Und sie forderte ein Umdenken: »Das Wichtigste für uns ist aktuell, dass wir das Sterben der Ozeane aufhalten. Sterben sie, sinkt unsere Sauerstoffversorgung. Die Algen produzieren ungefähr 60 Prozent des Sauerstoffs, den wir zum Atmen benötigen. Würden die Ozeane sterben, würde der Sauerstoffgehalt deutlich absinken. Viele Menschen würden sterben, und der Rest würde sehr dumm werden.«

Da hatte sie die Klimakrise längst benannt und »Das Jahr der Flut« veröffentlicht, ein Horrorszenario über eine zerstörte Natur, die der Mensch auf dem Gewissen hat. Zehn Jahre nach Erscheinen dieser hellsichtigen Erzählung preist sie 2019 Greta Thunberg, Initiatorin der »Fridays for Future«-Bewegung, als »Jeanne d'Arc des Umweltbewusstseins«.

Sie selbst sieht neben der drohenden Klimakatastrophe noch ganze andere Gefahren für den Planeten, denn als Nächstes werde sich die Menschheit selbst sterilisieren. »Es ist so viel Plastik im Wasser, das menschliches Sperma mit Toxinen verseucht. Wenn wir unsere Umwelt nicht säubern, gehen wir einem langsamen Aussterben der Menschheit entgegen.« Wäre sie noch jünger, so sagt sie, würde die Sorge auch sie auf die Straße treiben, »ich wäre sicher bei Extinction Rebellion«.

Es waren wohl die ersten zehn Jahre ihres Lebens, die Margaret Atwoods Fantasie und Sprachgewalt formten und gleichzeitig ihre Liebe zur Natur, auch wenn sie um diese zunehmend in großer Sorge ist. Gemeinsam mit den Eltern und dem älteren Bruder verbrachte sie ihre Kindheit überwiegend in der tiefen Wildnis im Norden Kanadas, »ziemlich dicht dran an den Kaninchen und Wölfen«, wo der Vater, ein Insektenkundler, sein Forschungsprojekt hatte. Für die Kinder ein Idyll, aber auch eine Herausforderung. »Wenn es dort oben regnete, gab es drei Formen der Beschäftigung: Schreiben, Zeichnen oder Lesen.«

Die Berufsberatung gibt ihr zwei Empfehlungen: Bibliothekarin oder Automechanikerin

Inzwischen war die Familie nach Toronto gezogen, wo der Vater ab 1948 an der Universität lehrte. Und wo Margaret Atwood im Berufseignungstest an der Highschool zwei Empfehlungen für den späteren Beruf mit auf den Weg bekam: »Bibliothekarin oder Automechanikerin. Ich wette, nicht viele Mädchen in den Fünfzigern bekamen das gesagt.«

Sie entschied sich dann doch fürs Schreiben. Im Alter von 23 Jahren schloss sie ihr Studium der Englischen Sprache und Literatur mit dem Master ab, mit 25 lehrte sie bereits selbst als Literaturwissenschaftlerin. Die ersten beiden Bücher, Lyrik, publizierte sie im Selbstverlag, aber 1969 brachte ein Verleger schließlich ihren ersten Roman heraus, »Die eßbare Frau«. Die Geschichte einer Frau, die auf ihre Partnerschaftsprobleme mit Essstörungen und psychosomatischen Erkrankungen antwortet, wurde ziemlich schnell zum Erfolg und begründete ihren Ruf als feministische Autorin. Auch wenn sie selbst sagt, »es war keine Frauenbewegung in Sicht, als ich das Buch 1965 schrieb«. Daher handle es sich doch eher um einen »protofeministischen Roman«.

Ohnehin scheint sie mit ihrem Ruf als Feministin gelegentlich so ihre Probleme zu haben, da es, wie sie sagt, »ganz darauf ankommt, was für eine Feministin gemeint ist. Es gibt 75 verschiedene Arten. Mindestens«. Ein Teil von ihnen hatte sie Anfang 2018 während der #MeToo-Debatte als schlechte Feministin geschmäht, weil sie einen Universitätskollegen verteidigte, der unter Missbrauchsverdacht geraten war. Dieser entpuppte sich später zwar als nicht gerechtfertigt, doch die Debatte um »Terror und Tugend«, wie Atwood in ihrem Essay »Bin ich eine schlechte Feministin?« schrieb, war voll entbrannt. Sie frage sich, ob die Anklägerinnen wirklich unvoreingenommen seien, außerdem füttere deren Haltung »das sehr alte Narrativ, das besagt, Frauen seien unfähig, fair und abwägend zu urteilen«.

Wie ein Seismograf erfühlt die Autorin Strömungen und Entwicklungen, die schließlich die Gesellschaften umtreiben werden, feinnervig, aufmerksam, unabhängig. Vielen gilt sie als moralische Instanz, sie unterstützt Amnesty International, gemeinsam mit dem Autor Salman Rushdie führt sie eine Kampagne des Schriftstellerverbandes PEN für verfolgte, von Zensur bedrohte Menschen. Mit ihrem Mann, dem Schriftsteller Graeme Gibson, mit dem sie seit 1973 zusammenlebte, gründete sie die kanadische PEN-Sektion. Beide wurden außerdem Ehrenpräsidenten der Rare Bird Society von Birdlife, einer internationalen Organisation zum Schutz von Vögeln und ihres Lebensraums. Der Ornithologie gehört eine ihrer Leidenschaften, die sie auf ihrem Twitter-Account teilt. Eine der letzten Birdwatching-Reisen verbrachte das Paar im Regenwald von Panama. Gibson, Vater ihrer Tochter Eleanor, starb am 18. September 2019, nur wenige Tage nach der fulminanten Buchpräsentation der »Zeuginnen«.

»Man kann nicht mit Sprache umgehen und moralische Dimensionen ausblenden.«

Eine Visionärin, die für ihre Einschätzungen und Prognosen gefeiert wird – fast schon selbstverständlich, dass Margaret Atwood sich für die »Future Library« an die Spitze setzte. Das Projekt, 2014 von der schottischen Konzeptkünstlerin Katie Paterson gegründet, sammelt unbekannte Texte bekannter Autoren, die erst 100 Jahre nach der Gründung, also 2114, veröffentlicht werden sollen. Jedes Jahr kommt ein Manuskript hinzu, den Anfang machte Margaret Atwood mit »Scribbler Moon«. Ein Akt für die Zukunft, in der Hoffnung, dass es auch im nächsten Jahrhundert noch Menschen geben wird, die Bücher – und natürlich Margaret Atwood lieben. Nicht weit von der Bibliothek der geheimen Texte wurden bei Oslo bereits 1000 Kiefern gepflanzt, die später einmal das Papier für die gedruckte »Future Library« liefern sollen.

Und weil sie möchte, dass sich die Literatur fortplanzt, weil sie junge Autoren und deren Werke liebt, gibt Margaret Atwood ihr Wissen um Kunst und Handwerk weiter, leitet online eine Masterclass. Ihr oberstes Gebot, das sie den Studenten immer wieder ins Gewissen ruft: »Respektiere das Blatt Papier, es ist alles, was du hast.« Und sie beharrt auf schriftstellerische Verantwortung. Jahre bevor der umstrittene Literaturnobelpreisträger Peter Handke im Winter 2019 sagen wird, er schreibe nie mit Meinungen, er habe niemals eine Meinung gehabt, war für Margaret Atwood klar: »Man kann nicht mit Sprache umgehen und moralische Dimensionen ausblenden.«

Mehr als 50 Millionen Mal hat sich allein »The Handmaid's Tale« verkauft. Doch auf die Frage einer Schülerin, auf welches ihrer Bücher sie am meisten stolz sei, reagiert die Autorin erstaunt, wie eine Mutter, die ihr Lieblingskind nennen soll. Nein, sie könne da kein Buch hervorheben. Denn: »Die anderen würden es doch erfahren und wären verärgert.«

TINA *TURNER*

»Immer noch tanzte und fegte ich über die Bühnen.
Ich fühlte mich jung und voller Energie.«

Mit 45 Jahren startet sie ihre Solo-Karriere als Rocksängerin – heute ist sie eine Ikone für Frauen, die ausbrechen und den Neuanfang wagen wollen

»Also, ich habe gerade eine Scheidung hinter mir. Ich habe Schulden. Ich brauche einen Manager. Ich brauche eine Plattenfirma. Ich brauche eine Platte. Und, nur nebenbei, ich will Hallen füllen wie die Rolling Stones und Rod Stewart.« Musikmanager Roger Davies dürfte nicht schlecht gestaunt haben, als Tina Turner ihm in wenigen Sätzen ihre düstere Gegenwart beschrieb und die leuchtende Zukunft entwarf. Die Sängerin war gerade 40 geworden, im Musik-Business nicht gefragt, und mühte sich, wieder ins Geschäft zu kommen. Sie selbst war mit dem Treffen durchaus zufrieden. »Als ich sein Büro verließ, fühlte ich mich so viel besser, denn ich hatte etwas für meine Zukunft getan.« Doch wie gewagt ihr Optimismus auch war, am Ende behielt sie recht.

Denn sie würde nicht nur Hallen füllen, sondern auch ganze Stadien – wie 2008 in Rio de Janeiro, als 188 000 Fans sie einen Abend lang feierten. Für die Rio-Show erhielt die Rock-Sängerin den Eintrag ins Guinness-Buch der Rekorde als Solokünstlerin mit dem größten Konzertauftritt, aber schon zuvor hatte sie unzählige Preise für ihre Plattenerfolge und Spitzenplätze in den Charts bekommen. Binnen weniger Jahre war Tina Turner nicht nur zum Weltstar, sondern zur Legende aufgestiegen. Konzerte waren binnen Minuten ausverkauft, ihre »50th Anniversary Tour« 2008/09 lief über ein ganzes Jahr, allein in Deutschland musste sie statt der geplanten siebenmal schließlich 16 mal auftreten, so groß war die Nachfrage nach Eintrittskarten. Der Erfolg machte sie zur Multimillionärin. 2017 errechnete ein Schweizer Wirtschaftsmagazin, ihr Vermögen betrage inzwischen um die 225 Millionen Schweizer Franken. Begonnen hatte Tina Turner diese, ihre zweite Karriere mit exakt 36 Cent in der Tasche und beträchtlichen Schulden.

Ihre Kraft und den Optimismus, beides musste sie sich hart erarbeiten. Geboren als Anna Mae Bullock in Nutbush, Tennessee, im tiefen Süden der USA, wo damals noch Rassentrennung herrschte, hatte sie schon als kleines Mädchen zu kämpfen. Die Mutter wollte den Vater eigentlich schon verlassen, als sie merkte, dass sie wieder schwanger war. Sie blieb, ließ den Frust an ihrer Jüngsten aus und ging dann doch. Anna Mae war elf Jahre alt und wurde nun abwechselnd von Verwandten betreut. »Über meinen ersten Lebensjahren lag ein Schatten«, schreibt sie als fast 80-Jährige in ihrer Autobiografie. »Ich hatte nie das Gefühl, geliebt zu werden, entschied aber, dass es darauf auch nicht ankam. Nicht für mich.« Das scheußliche Gefühl, nicht geliebt zu werden, sollte sie noch lange, bis in ihr fünftes Jahrzehnt, begleiten.

»Ike war gewalttätig und böse. Jeden Tag, jeden Moment.«

Mit 17 Jahren zog sie nach St. Louis, Missouri, wo ihre Mutter und die ältere Schwester Alline inzwischen wohnten – und wo Anna Mae schon nach kürzester Zeit ihre Berufung fand. Denn nun entdeckte sie den Rock 'n' Roll, den Soul – und Ike Turner. Der Gitarrist war im Musikleben von St. Louis eine feste Größe und immer auf der Suche nach neuen Talenten. Vor allem Frauen, die ihm im Publikum auffielen, ließ er auf die Bühne holen und band sie in seine Show ein. Eines Abends hatte er sich Alline ausgesucht, doch die zierte sich. Kurzerhand schnappte sich die 17-jährige Anna Mae das Mikrofon sowie die Chance, Ike Turner auf sich aufmerksam zu machen. Er spielte B.B. King, »Darlin', You Know I Love You«, und sie legte los. »Es haute ihn um, als er mich hörte – mit einer Stimme, wie man sie von einem mageren, jungen Mädchen nicht erwartet hätte.«

Was folgte, waren erste Auftritte als Gastsängerin und dann im Background-Chor in Turners Band »Kings of Rhythm«, außerdem eine Affäre mit dem Saxofonisten und schließlich eine Schwangerschaft. Noch bevor Anna Mae den kleinen

Heroes! Tina Turner mit David Bowie, 1985 auf der Private-Dancer-Tour in Birmingham

Craig zur Welt brachte, war dessen Vater verschwunden. Kurz nach der Geburt stand sie wieder auf der Bühne, das Geld für sich und ihren Sohn verdiente sie als Schwesternhelferin. Ike Turner sei anfangs wie ein großer Bruder gewesen, erzählt sie später. Aber dann funkte es doch zwischen den beiden, und bald erwartete sie erneut ein Kind. Es war der Anfang von vielen Jahren in der Hölle.

»Ike war gewalttätig und böse. Jeden Tag, jeden Moment«, erklärt sie in einer Filmdokumentation anlässlich ihres 80. Geburtstags, den sie am 26. November 2019 feierte. Es genügten die kleinsten Anlässe und er schlug zu: Rippe gebrochen, Nase gebrochen, Kiefer gebrochen, aufgeplatzte Lippen, blaues Auge, kochender Kaffee im Gesicht, Ike kannte keine Hemmungen, er pöbelte und spuckte. Die erste »Lektion«, wie er es nennt, verpasst er ihr, als sie Vorbehalte hat, ihren Vornamen nach seinen Wünschen in Tina zu ändern. Eine Lektion mit dem Schuhspanner. Nach den Prügeln bestand er auf Sex. »Als er fertig war, blieb ich mit verquollenem Gesicht und dröhnendem Kopfschmerz liegen und dachte: Du bekommst ein Kind und kannst nirgendwohin. Du sitzt gewaltig in der Falle. An jenem Abend wurde ich zu Tina Turner. Die ›kleine Ann‹ gab es nicht mehr.« Die nächsten sieben Jahre, so berichtet sie, habe sie versucht zu verstehen, was ihr da geschah. Weitere sieben Jahre habe sie gebraucht, den Ausweg aus der Ehehölle zu finden.

Besonders viel Zeit, sich überhaupt Gedanken zu machen, blieb ihr nicht. 300 Auftritte pro Jahr, Plattenaufnahmen, Proben bei Tag und auch bei Nacht, die Kinder, der Haushalt. Und bei allem immer auf der Hut, den jähzornigen Ehemann nicht zu reizen. Der gibt sich als Star der »Ike and Tina Turner Revue«, sie fühlt sich als »das Aschenputtel, buchstäblich seine Sklavin«. Von den Einnahmen der gut laufenden Show sieht sie nichts. Wie ein Zuhälter strich Ike das Geld ein und kaufte der Frau, die es mit erarbeitet hatte, gelegentlich Kleider, Schmuck, einmal auch einen Sportwagen. Tina Turner sollte nach außen zeigen, was man sich leisten konnte, selbstständig sein sollte sie nicht. Nach dem Tod seiner Frau Lorraine, die sich das Leben genommen hatte, heiratet Ike 1962 seine Geliebte, auf die Schnelle in Mexiko. Romantik war nicht vorgesehen, dafür ging es nach der Trauung in ein Bordell, wo sich Ike Turner an einer Porno-Show ergötzte, seine Braut an der Seite.

Beruflich allerdings emanzipierte sich die Sängerin, wenn auch in kleinen Schritten. Gemeinsam mit den Background-Sängerinnen kreierte sie die Looks für die Shows, entwickelte Choreografien, erfand neue Tanzformen. Nach einem Unfall beim Friseur, wo Chemikalien ihre Haare ruinierten, entdeckte sie die Perücke für sich – zu jedem Anlass ein besonderer Haarschopf, er wird zu einem ihrer Markenzeichen. Löwenmähne, Minirock, High Heels, lange Beine – auch dafür wurde sie berühmt. Sie selbst findet sich nicht wirklich attraktiv. Ihre Beine nennt sie »schmale, wackelige Gestelle«, darauf »mein kurzer Oberkörper«. Obendrein sei sie »mager und flachbrüstig«.

Tina Turners Markenzeichen: Löwenmähne, Minirock, High Heels, lange Beine

Ganz allmählich fällt ihre Show, vor allem ihre Stimme, von der ein Kritiker schreibt, dass sie »Stahl schmelzen und Diamanten zersägen kann«, den maßgebenden Leuten im Musik-Business auf. 1966 bietet ihr der gefragte Produzent Phil Spector an, eine Platte, »River Deep – Mountain High«, mit ihm aufzunehmen. Ike Turner, der sich inzwischen nicht nur die Rechte am Namen seiner Frau gesichert hatte, sondern auch die Verfügungsgewalt über sie, blockte ab. Für 20 000 Dollar, eine Art Leihgebühr, gab er schließlich nach.

Wider Erwarten floppte der Song in den USA und wurde im Rundfunk kaum gespielt – die einen fanden ihn nicht »schwarz«, die anderen nicht »weiß« genug. Anders in Europa. In Großbritannien stand er in kürzester Zeit an der Spitze der Charts, und die Rolling Stones buchten die »Ike and Tina Turner Revue« als Vorgruppe für ihre neue Tour. Die legte sich dermaßen ins Zeug, dass Mick Jagger später sagte, die Stones hätten sich sehr anstrengen müssen, um sie überhaupt zu übertrumpfen. Ike selbst war zwar höchst erfreut von den neuen Möglichkeiten und Einnahmen, das Verhältnis zu seiner Frau aber blieb zerstörerisch: »Er zerschmetterte alles, was mich ausmachte: meinen Status, mein Selbstvertrauen, meine Welt.« 1968 ist sie am Ende. Sie schluckt 50 Schlaftabletten – und wird gerettet. Als sie im Krankenhaus wieder aufwacht, sitzt Ike an ihrem Bett. Seine einzigen Worte: »Du hättest besser sterben sollen, du Miststück.«

Erst acht Jahre später ist sie so weit und trennt sich von ihm, kurz vor einem Auftritt in Dallas. Zum ersten Mal in all den Jahren hat sie zurückgeschlagen, als ihr Mann wieder auf sie einprügelte. Sie wartet noch, bis er eingeschlafen ist, dann haut sie ab. Mit zerschlagenem Gesicht, blutbefleckter Jacke und pochendem Schädel rettet sie sich in ein Hotel. Obwohl sie nicht bezahlen kann, gibt ihr der Manager ein Zimmer und lässt ihr eine Suppe bringen. An das Gefühl erinnert sie sich noch heute. »Ich hatte Angst. Und ich freute mich. Ich war nicht nur vor Ike davongelaufen. Ich war in ein neues Leben gelaufen. Mein neues Leben.« Wie weit Ike Turner in seiner Grausamkeit tatsächlich gegangen war, hat sie nie erzählt. »Ich glaube, ich schäme mich.«

Freunde helfen ihr über die nächste Zeit, während ihr Mann versucht, sie zurückzuholen. Er lauert ihr auf, lässt auf ein Haus schießen, in dem sie sich aufhält. Gläubiger verfolgen sie wegen abgesagter Konzerte, die Schulden summieren sich. Und Tina Turner? Fängt mit 37 Jahren wieder ganz von vorne an. Bekannten, die ihr eine Unterkunft überlassen, schrubbt sie die Wohnung. »Lieber ein Dienstmädchen als die Frau von Ike Turner, so lautete meine Devise.« Putzen und Chanten, das Singen von Mantras, werden ihre Therapie. Jahre zuvor war sie zur Buddhistin geworden, jetzt wird der Glaube Teil ihrer Rettung. Sie nimmt so gut wie jeden Job an, um sich und die Kinder durchzubringen, singt bei Kaufhaus-Eröffnungen, kleinen Konzerten, kleinen Shows im Fernsehen, sie beantragt Lebensmittelkarten und sammelt Rabattmarken. Bei der Scheidung 1978 verzichtet sie auf alles – nur die Rechte an ihrem Namen möchte sie wiederhaben. Und allmählich nimmt Tina Turners zweite Karriere Fahrt auf.

Es ist das Album »Private Dancer«, das die dann schon 45-Jährige 1984 zurück in die Charts bringt, »immer noch tanzte und fegte ich über die Bühnen. Ich fühlte mich jung und voller Energie«. Auf 180 Konzerten in Europa, den USA und Asien stellt sie anschließend mehr als zwei Millionen Menschen die Solokünstlerin Tina Turner vor.

Ihr Mantra: »Weitermachen, nicht stehenbleiben.«

Spätestens ab da gilt Tina Turner als Ansporn für Frauen, sich aus erniedrigenden Beziehungen, aus Gewalt und Unterdrückung zu befreien – als Beispiel für Resilienz, als Symbol dafür, dass man Angst und Abhängigkeit überwinden kann. Ihre Freundin Oprah Winfrey erklärt ihr: »Du verkörperst all die Möglichkeiten, die man im Leben hat. Wenn die Leute dich auf der Bühne sehen, wissen sie, dass du in den Abgrund geblickt hast. Egal, wie verzweifelt und entmutigt eine Frau ist, sie kann werden wie du.« Tina Turner selbst hat ihr eigenes Vorbild: Jackie Kennedy Onassis, die Witwe des ermordeten amerikanischen Präsidenten. »Dass sie nicht aufgab, war mir eine Quelle der Hoffnung und Inspiration.« Sich selbst sehe sie »nicht unbedingt als starke Figur. Ich habe ein furchtbares Leben gehabt. Ich habe einfach nur weitergemacht«.

Auch privat erlebt sie endlich das Gefühl, geliebt zu werden. Kurz vor Weihnachten 1985 lernt die 46-Jährige in Köln Erwin Bach, einen Manager ihrer Plattenfirma, kennen, und vom ersten Augenblick an, so schreibt sie, machte es »BUMM, BUMM, BUMM«. Ein paar Monate später waren sie ein Paar, seit 1994 leben sie in der Schweiz. »Es fiel mir nicht schwer, Amerika zu verlassen, weil ich in Europa nicht wie eine Schwarze behandelt wurde, sondern wie ein Star.« 2013 heirateten sie in ihrem Haus am Zürichsee, da ist sie 73 und er 57 Jahre alt. Für Tina Turner stehen diese Zahlen nur auf dem Papier. »Die Welt mag in Erwin meinen ›jüngeren Mann‹ sehen, aber in Wirklichkeit ist er sechzig und ich bin sechzehn.«

In ihrem 70. Lebensjahr gibt sie ihre Abschiedstour: Mit Löwenmähne, feuerrotem Minikleid und auf hohen Hacken stöckelt sie auf einem Kranausleger über den Köpfen ihrer Fans, meterhoch und ungesichert – und mit einer Stimme, die es noch immer mit jedem Orchester aufnimmt.

Kurz nach ihrer Hochzeit erlitt sie im Sommer 2013 einen Schlaganfall, 2016 wurde sie wegen Darmkrebs operiert, 2017 versagten ihre Nieren. Sie überlebte, weil ihr Mann eine Niere spendete. Doch sie tat das, was schon in jungen Jahren ihr Mantra geworden war: »Weitermachen. Nicht stehen bleiben.« Und weiterarbeiten. Sie brachte Platten mit spirituellen Gesängen heraus, zuletzt 2014 »Love Within – Beyond«, 2018 schrieb sie ihre Autobiografie, im selben Jahr produzierte sie ein Musical über ihr Leben. Nicht stehen bleiben. Sie sagt: »Ich bin stolz darauf, dass meine Karriere weitergeht. Trotz meines Alters.«

GEBOREN AM 26. MÄRZ 1940 IN BALTIMORE

NANCY *PELOSI*

»Ich war bereit, Leader zu sein.«
Eine amerikanische Karriere – mit 78 Jahren wird die Demokratin zur mächtigsten Frau der USA und die schärfste Gegnerin des Präsidenten

Selbstbewusste Pionierin, hartnäckige Wegbereiterin, durchsetzungsstarke Vorkämpferin. Es haften viele Markenzeichen an Nancy Pelosi und ihrer politischen Karriere, die kurz gefasst immer dasselbe zum Ausdruck bringen: Sie war und ist die Erste. Seit die Amerikanerin mit italienischen Wurzeln, Mutter von fünf Kindern, beschloss, in die Politik zu gehen, hat sie regelmäßig Posten für sich erobert, die bisher ausschließlich Männern vorbehalten waren. Es war ein langer Marsch durch die Reservate der »Old Boys«, doch mit Ende 70 ist sie nicht nur im Zentrum der politischen Macht, sondern auch im grellen Scheinwerferlicht der Weltöffentlichkeit angekommen. Als mächtigste Frau der USA und bedeutendste Gegenspielerin des amerikanischen Präsidenten ist Nancy Pelosi, Demokratin, linksliberal und überzeugte Katholikin, die schärfste Gegnerin von Donald Trump und dessen Politik.

Es begann mit dem Einzug als Abgeordnete der Demokratischen Partei in den Kongress, wo zuvor schon der Vater Karriere gemacht hatte. Doch dass einem hochrangigen Politiker nicht einer seiner Söhne, sondern die Tochter nachfolgt – so etwas hatte es in Washington noch nie gegeben. Genauso verblüfft war man, plötzlich eine Frau als Führerin der stärksten Fraktion im Repräsentantenhaus zu sehen. 2004 war der Posten überraschend frei geworden und Nancy Pelosi hatte ohne zu zögern die Chance ergriffen und in einem Telefonmarathon in kürzester Zeit 150 Abgeordnete auf ihre Seite gebracht. Den Karrieresprung in einem Alter, wo sich andere auf ihre Rente vorbereiten, kommentierte sie später in aller Selbstverständlichkeit: »Ich war bereit, Leader zu sein.« Da hatte sie längst das höchste Amt im Parlament ins Visier genommen – und zugeschlagen. Als erste Frau in der Geschichte der USA, als erste Frau in 230 Jahren, wurde Nancy Pelosi zum »Speaker« des Repräsentantenhauses, zur Präsidentin der Abgeordneten im Kapitol, und damit zur mächtigsten Frau der USA gewählt. Wenige Wochen nach ihrer Vereidigung feierte sie ihren 67. Geburtstag – und dann legte sie erst richtig los.

Nach einigem innenpolitischen Hin und Her, einer Präsidentenwahl und zwei Kongresswahlen später, ging sie im Januar 2019 dann in ihre zweite Runde als »Speaker of the House« und schaffte eine Wiederwahl, die ihr auch wohlwollende Freunde nicht zugetraut hätten. Viele Demokraten, nach der knappen Niederlage ihrer Präsidentschaftskandidatin Hillary Clinton tief geschockt, hätten sich ein neues, junges Gesicht an der Spitze gewünscht. Doch Nancy Pelosi, seit Jahrzehnten im Geschäft und besser vernetzt als irgendjemand sonst, setzte sich durch – und sah sich nun mit einer Rolle konfrontiert, die sich kaum jemand freiwillig ausgesucht hätte: den Präsidenten im Zaum zu halten, Donald Trump die Stirn zu bieten. Eine große Herausforderung an Selbstbeherrschung und Intellekt, die die nunmehr 78-Jährige mit kühler Noblesse annahm. Wobei auch ein Credo ihres Bruders geholfen haben dürfte, das sie sich früh zu eigen machte: »Politik nicht persönlich nehmen.« Und es wurde wirklich sehr persönlich.

Er habe versucht, »nett« zu ihr zu sein, »weil ich gerne ein paar Deals gemacht hätte«, zog der 45. Präsident der Vereinigten Staaten im Sommer 2019 über seine Gegenspielerin her, aber »sie ist eine gemeine, rachsüchtige, furchtbare Person«. »Nervous Nancy«, wie Donald Trump die große Dame der amerikanischen Politik schmäht, sei ein »nervöses Wrack, eine Zumutung«. Da waren ihm gerade die Worte von »Madam Speaker« hinterbracht worden, die in kleiner Runde klargemacht hatte: »Ich will nicht, dass er seines Amtes enthoben wird. Ich will ihn im Gefängnis sehen.« Schon früh hatten die Demokraten Trump schwere Vergehen wie Steuerhinterziehung, Schweigegeldzahlungen, Korruption, Behinderung der Justiz sowie Manipulation der Präsidentschaftswahlen vorgeworfen.

Nancy Pelosi im Kapitol: Vorbild für eine junge Frauen-Generation in der amerikanischen Politik

Im Herbst 2019 setzte sie sich schließlich doch an die Speerspitze für ein Amtsenthebungsverfahren gegen den Präsidenten. Wobei sie betonte, sie tue dies nicht, weil sie ihre Meinung, sondern weil sich die Situation geändert habe. Ein Whistleblower hatte enthüllt, wie Donald Trump versuchte, seinen ukrainischen Amtskollegen zu Ermittlungen gegen den Demokraten Joe Biden und dessen Sohn zu drängen, um Bidens Chancen auf eine Präsidentschaftskandidatur 2020 zu unterminieren. Für Trump eine läppische Geschichte, für seine Gegner ein Fall von Machtmissbrauch, Missachtung der Verfassung und Behinderung des Kongresses. »Er hat uns keine Wahl gelassen«, so Nancy Pelosi. »Wir leben nicht in einer Monarchie, sondern in einer Republik.«

Dass der Präsident ihr in einem sechsseitigen Wut-Brief vorwarf, eine Hexenjagd gegen ihn anzuführen und ihm die Wahl 2020 zu stehlen, kontert sie konsterniert: »Das ist lächerlich ... Das ist wirklich krank.« Sorgfältig plant sie die nötigen Schritte für das Impeachment, absolut furchtlos und so emotionslos wie eben möglich. Gefühlsausbrüche überlässt sie ihrem männlichen Kontrahenten. »Ich behandele Trump mit Respekt. Ich respektiere das Amt, das er innehat. Manchmal glaube ich, dass ich sein Amt mehr respektiere als er selbst.«

Behutsam abwägen, kühl handeln, sich selbst treu bleiben. Nancy Pelosi, neben fünf älteren Brüdern die einzige Tochter der Familie D'Alessandro, lernte früh, die eigene Position zu behaupten, ohne sich dabei in aussichtslose Kämpfe zu verstricken. Streng katholisch im italienisch geprägten Viertel »Little Italy« der Hafenstadt Baltimore an der Ostküste der USA aufgewachsen, war Politik von Anfang an wichtiger Teil ihres Lebens. Den ersten Besuch im Kapitol machte sie mit sechs Jahren, als der Vater zum Abgeordneten vereidigt wurde. Mit 20 saß sie wieder auf der Zuschauertribüne – John F. Kennedy hielt als neu gewählter Präsident seine Antrittsrede.

Wie so viele junge Menschen traf der Zauber von Neuanfang und Zuversicht auch Nancy D'Alessandro ins Herz: »Er schenkte meiner Generation den Glauben, dass alles möglich ist.« Ganz so einfach war es dann doch nicht, zumindest nicht für den weiblichen Teil der Bevölkerung. Als Nancy Pelosi, die nach ihrem Politikstudium früh geheiratet und fünf Kinder (vier Mädchen und einen Jungen) bekommen hatte, mit 40 schließlich Vorsitzende der Demokratischen Partei in Kalifornien wurde, war die Luft für Frauen in der Politik noch mehr als dünn. Das sollte sie spüren, als sie 1987 mit immerhin schon 47 Jahren ins Repräsentantenhaus gewählt wurde. »Als ich im Kapitol ankam, waren wir 20 Frauen – von 435 Abgeordneten. 21 Jahre später sind es 74 Frauen (54 Demokratinnen und 20 Republikanerinnen). Wir wollen mehr!« Eine ihrer ersten Amtshandlungen als »Speaker« war, dort das Rauchen zu verbieten, womit sie, wie sie doppeldeutig anmerkt, »nebenbei auch einen Wechsel der Atmosphäre« signalisierte. Bisher sei der Kongress ganz klar ein »Men's Club – oder ein Boy's Club, wie immer man darüber denken möchte« gewesen. Die »Old Bulls« mit ihren Zigarren hätten jeden Neuling, erst recht alle Frauen, ignoriert und so getan, als hätten sie das Erfolgsrezept wie eine »Secret Sauce« für sich gepachtet. Allerdings hatte sie die Wahrheit bald herausgefunden: »Message an Amerikas Töchter: Es gibt keine ›Secret Sauce‹.«

Nehmt euch wichtig, lasst euch nicht ins Bockshorn jagen! Für die junge Generation, Amerikas Töchter und Enkelinnen, hat sie 2008, aus der Warte ihrer 68 Lebensjahre und jahrzehntelanger Erfahrung, ihre Erinnerungen aufgeschrieben –

»Know Your Power«, erkenne deine Kraft; erkenne, welche Kraft in dir steckt. Anekdoten, Lehren und Erkenntnisse, oft ironisch formuliert, wie die Kapitelüberschrift »Von der Küche in den Kongress«. Ein Bonmot mit ernster Botschaft: »Ich möchte, dass Frauen wissen, dass die Fähigkeiten, die ich als Mutter und Hausfrau erworben habe, von unschätzbarem Wert für mich sind. Diese – so häufig unterbewerteten – Fähigkeiten sind auf viele andere Bühnen im Leben übertragbar, und das schließt den Kongress der Vereinigten Staaten mit ein.«

Ehemann und Kinder standen von Anfang an geschlossen hinter ihrer Karriere. Als sie noch zögerte, ob sie wirklich nach Washington gehen und damit den Großteil ihrer Zeit 4550 Kilometer von zu Hause entfernt verbringen sollte, sagte die jüngste Tochter Alexandra nur: »Mutter, lebe dein Leben.« Paul Pelosi, ihre Studentenliebe, hält die Stellung in San Francisco, wo er als Finanzberater arbeitet und zum Glück, wie seine Frau sagt, noch »ein paar Interessen neben dem Business« hat. So geht der Kampf also weiter, gegen eine Politik der Konfrontation und der Ausgrenzung. Aus Solidarität, aber auch aus Prinzip, begleitete Pelosi die afroamerikanische Abgeordnete Ilhan Omar auf einer Reise nach Ghana. Omar gehört zu den jungen Politikerinnen mit ausländischen Wurzeln, denen Donald Trump regelmäßig nahelegt, das Land zu verlassen – »Send her back!«

Wie Trump eigentlich so ticke, wollten Journalisten des *Rolling Stone*-Magazins im Februar 2019 von Nancy Pelosi wissen. Die gab verblüfft zurück: »Tickt er denn? Warum glauben wir das? ›Ticken‹ muss ja mit einer gewissen Berechenbarkeit zu tun haben.« Pelosi selbst kommt wohl auf ihre eigene Art damit zurecht. »Ich bete für den Präsidenten der Vereinigten Staaten.«

Ihrem Markenzeichen, allen voranzustürmen und Maßstäbe zu setzen, bleibt Nancy Pelosi treu. So ist sie denn auch die Frau, die die längste politische Rede der Geschichte gehalten hat. Womöglich übertrumpfte sie damit auch die Männer im Kongress: Mehr als acht Stunden lang, von 10.04 bis 18.11 Uhr, stand sie am Pult und kämpfte für die Rechte junger Einwanderer, »Dreamer« genannt. Kurz vor ihrem 78. Geburtstag, aufrecht, wie immer auf 10-Zentimeter-Stilettos, ohne Pause und ohne Zeichen von Schwäche. Danach sagte sie, sie hätte auch die erlaubten 40 Stunden durchgehalten. Es gibt wohl niemanden, der daran zweifeln würde.

ANNIE *ERNAUX*

»Etwas von der Zeit retten, in der man nie wieder sein wird.«

Mit ihrem Werk wird die Schriftstellerin zum Idol der neuen Literaten-Generation

Der Ruhm jenseits der Heimat kam spät, doch dafür kam er umso heftiger. In Frankreich seit den Achzigerjahren eine bedeutende Größe in der Literatur, wurde Annie Ernaux in Deutschland, Großbritannien, Italien erst 2019 einem größeren Publikum bekannt. Kurz nacheinander erschienen Übersetzungen ihrer Bücher, danach folgten Interviews, Lesungen, Preise. Die inzwischen über 80-Jährige, die eine sehr neue Art der Biografie und Autobiografie kreiert hatte, wurde international zur wichtigen Zeitzeugin, einer Zeugin von Wandel, Werden und Vergehen. »Das ist genau das, was mich interessiert, die Zeit und ihr Einfluss auf alles. Bücher, die die Zeit außer acht lassen, interessieren mich nicht.«

Als sie geboren wurde, hatte der Zweite Weltkrieg gerade Frankreich erreicht, im kleinen Dorf Lillebonne in der Normandie nahe Le Havre mühten sich die Eltern, mit einem kleinen Lebensmittelladen Familie und Nachbarn über Wasser zu halten. Harte Jahre, geprägt von Angst und wirtschaftlicher Not. Doch die Epoche, welche die Schriftstellerin zu ihrer machen wird, begann noch früher, noch elender, bei den Großeltern – für Annie eine Epoche der Finsternis. »Wenn ich Proust oder Mauriac lese, kann ich nicht glauben, dass sie über eine Zeit schreiben, als mein Vater Kind gewesen ist. Seine Welt war das Mittelalter.«

Vom gefühlten Mittelalter in die moderne Zeit, vom Schuften als Knecht in die Salons der Bourgeoisie, von einem Großvater, der weder lesen noch schreiben konnte, in die Bestsellerlisten – die auf drei Generationen geraffte Geschichte der Familie ist eine Geschichte von sozialem Aufstieg, von Lernen und Bildung. Und doch ist es für Annie Ernaux keine Geschichte von Stolz und Befreiung, sondern von Verrat und Scham. Aber – es ist auch die Geschichte für ihr schriftstellerisches Werk. Vor allem in ihrem Buch über den Vater, »Der Platz« (1983), umkreist Annie Ernaux dieses Gefühl, das auch im hohen Alter noch an ihr nagt. Vater wie Mutter hatten sich abgerackert, damit es die Tochter zu etwas bringen wird, oder wie diese schreibt: »Sie verkaufte von morgens bis abends Kartoffeln und Milch, damit ich in einer Vorlesung über Platon sitzen konnte.« Doch während die Mutter selbst einen gewissen Bildungshunger offenbarte, fremdelte der Vater – der als ungelernter Arbeiter oft noch Geld dazuverdienen musste, weil der Laden nicht genug abwarf – zeitlebens mit der Welt, die sich seine Tochter nach und nach eroberte. Die wiederum haderte mehr und mehr mit ihrer Herkunft. Ein Gefühl, wofür sie sich schämte, dem sie aber nichts entgegenzusetzen hatte. »Er regte sich auf, weil ich den ganzen Tag Bücher las, ... dass ich gern nachdachte, war ihm suspekt«, erinnert sie sich später. Doch trotz der Vorbehalte und trotz seines mangelnden Ehrgeizes für sich selbst war da auch seine unermüdliche Unterstützung, die sie mit fast schon poetischen Worten beschreibt. »Er fuhr mich auf dem Fahrrad zur Schule. Ein Fährmann zwischen zwei Ufern, bei Sonne und Regen.«

Was blieb, war die Entfremdung, die sie als ihren Verrat empfindet. »Ich wollte alles sagen, über meinen Vater schreiben, über sein Leben und über die Distanz, die in meiner Jugend zwischen ihm und mir entstanden ist. Eine Klassendistanz, die zugleich aber auch sehr persönlich ist, die keinen Namen hat. Eine Art distanzierte Liebe.« Nach seinem unerwarteten Tod, zwei Monate nach ihrem bestandenen Lehrerinnenexamen, begann sie ein Buch über den Vater zu schreiben. Annie ist nun selbst Mutter, hat Philippe Ernaux, einen jungen, selbstbewussten Studenten, geheiratet, der mit ihrer proletarisch-ländlichen Verwandtschaft wenig anfangen kann.

Doch die Schreibkunst lässt sie im Stich, der geplante Roman wird nie vollendet. Der einfache Mann und die literarische Form mit all ihren Möglichkeiten von Fantasie und Finesse – es passt nicht. »Seit Kurzem weiß ich, dass der Roman unmöglich ist. Um ein Leben wiederzugeben, das der Notwendigkeit unterworfen war, darf man nicht zu den Mitteln der Kunst greifen, darf ich nicht ›spannend‹ oder ›berührend‹ schreiben wollen.«

16 Jahre später erscheint schließlich ihr Buch über den Vater, über die Familie, über sich selbst. Annie Ernaux hat eine passende Form gefunden, nüchtern, trocken, fast schon spröde. »Der sachliche Ton fällt mir leicht, es ist derselbe Ton, in dem ich früher meinen Eltern schrieb.« Doch gleichzeitig hat sie damit eine Form erfunden, die es so bisher nicht gab, wie ihr die Literaturkritik begeistert bescheinigen wird. Ihre Zeitreise wird zur Zeitreise nicht nur des Vaters, sondern einer ganzen Gesellschaftsschicht mit ihren Ängsten, ihrem Misstrauen, ihren Hoffnungen, wird zur Soziologie eines Aufstiegs, es entsteht der Begriff der »Sozioautobiografie«. Ernaux selbst nennt sich eine »Ethnologin ihrer selbst« und sagt: »Ich möchte, dass die Worte genauso hart sind wie das Leben.« Sie sucht »den höchstmöglichen Grad der Realität« und findet ein Leben, wo das Private zwangsläufig immer auch politisch ist.

Sie wird zum Vorbild, zur Referenz für zeitgenössische Stars der französischen Buchszene. Didier Eribon und Édouard Louis erklären sie zu ihrer Inspiration, ihre Erinnerung an den Vater preist Eribon »eine lebensverändernde Lektüre«. Inzwischen geht Annie Ernaux ihren Weg der Betrachtung weiter, in »Eine Frau« (1988) beschreibt sie das Leben ihrer Mutter, der »einzigen Frau, die mir ernsthaft etwas bedeutet hat«. Zehn Jahre später, in »Die Jahre«, sind es Erinnerungen bis in die Kindheit zurück, die sie mit dem, was einmal Gesellschaft war, verknüpft und auffächert: »Etwas von der Zeit retten, in der man nie wieder sein wird.«

Mit über 80 Jahren lebt sie in einer Art »semi-solitude«, wie sie sagt. Es ist das Milieu ihrer Herkunft, dem sie sich verbunden fühlt und dem sie sich doch entzogen hat. Und es ist das Milieu ihres Aufstiegs, bürgerlich und auch elitär, dem sie sich innerlich nie anschließen konnte, dem sie misstraut. »Ich passe auf mich auf, indem ich mich fernhalte. Ich gehöre nicht zur Intellektuellenszene, nicht zum Bürgertum, nicht in Schriftstellerkreise, ich habe nichts zu tun mit der Welt der Mächtigen und Erfolgreichen.«

Es ist der Zwiespalt, der bleibt und der ihre »écriture«, ihr Schreiben, ausmacht. Und der sie immer wieder zum Vater, den sie verlassen hatte, zurückführt. So schreibt sie gegen Ende ihres schmalen Bandes über ihn: »Vielleicht sein größter Stolz, sogar sein Lebenszweck: dass ich eines Tages der Welt angehöre, die auf ihn herabgeblickt hatte.«

CLIMATE
REVOLUTION

VIVIENNE *WESTWOOD*

»Dieses Gewese um Schönheit wird immer unerträglicher. Die Menschen sollten sich mehr anstrengen, weniger dumm zu sein, denn das würde sie am besten kleiden.«

Königin des Punk, bedeutendste Modedesignerin unserer Zeit, Aktivistin für eine Klima-Revolution

Als die Show vorüber ist, betritt sie die Bühne und wickelt sich aus einem breiten, braunen Stoffumhang, der sich als Banner entpuppt – die Aufschrift: »Climate Revolution«. Davor hatte sie die Models bereits mit »Climate«-Shirts für ihr Anliegen protestieren lassen. Es war im September 2012, dass Englands größte Modedesignerin den Laufsteg zum Klima-Forum umfunktionierte. Jahre bevor das Thema schließlich oben auf der gesellschaftlichen Agenda ankommen sollte, hat Vivienne Westwood den Umweltschutz längst zu ihrer eigenen obersten Priorität erklärt – und wieder einmal ist sie Pionierin. Wie einst bei der Erfindung des Punk, bei der Erweckung eines neuen Zeitgeistes der Rebellion, und wie später bei der radikalen Erneuerung von Couture, beim Aufbau eines weltumspannenden, sehr erfolgreichen Business.

Jeden Vormittag schwingt sie sich aufs Rad und segelt durch den Londoner Straßenverkehr vom heimischen Clapham Richtung Themse ins Atelier. Graues Haar, meist farbenfroh und auffällig gekleidet und doch unerkannt. »Neulich trug ich beim Fahrradfahren ein hüftlanges Cape und weil ich es eilig hatte, flog es im Fahrtwind hin und her. Vom Straßenrand riefen mir ein paar Punks zu: ›Immer schön Dampf machen, Omi!‹« Vivienne Westwood liebt solche Geschichten, »... ich fand das lustig. Trotzdem hatte ich keine Lust abzusteigen und die jungen Leute darüber aufzuklären, dass man mich mal die ›Königin des Punk‹ genannt hat«.

Was so selbstbewusst klingt, ist in Wahrheit noch deutlich untertrieben. Denn tatsächlich war sie es, die gemeinsam mit ihrem Lebensgefährten Malcolm McLaren den Punk sozusagen erfunden hat. Die ihn geformt, mit ihrer Mode ausstaffiert und als Haltung ins Heute transportiert hat. »Nach wie vor geht es darum, Ungerechtigkeit laut anzuprangern und die Leute zum Nachdenken zu bewegen, auch wenn es unbequem ist. In dieser Hinsicht werde ich immer Punk sein.« Sie ist 73 Jahre alt, als sie das sagt, und hat inzwischen eine Art drittes Leben begonnen. Das einer Aktivistin für Umwelt, für Menschenrechte, für Abrüstung, für Bildung und gegen Verdummung. Wobei auch ihre eigene Branche, die des »schönen Scheins«, einiges abbekommt. »Dieses Gewese um Schönheit wird immer unerträglicher. Die Menschen sollten sich mehr anstrengen, weniger dumm zu sein, denn das würde sie am besten kleiden. Das empfehlenswerteste Accessoire ist ein Buch.«

Lesen, Lernen, Bücher waren schon als Kind ihre große Leidenschaft, so groß, dass die Mutter gelegentlich über ihre Älteste spöttelte: »Du brauchst sie gar nicht anzusprechen, unsere Vivienne ist ganz in ihrem Element«, erinnert die sich in ihrer Autobiografie. »Und sie hatte recht, das war ich ... Lesen war und ist mein größter Luxus.«

Triebfedern für den Erfolg: Lesen, Zeichnen, Nähen

Es war eine recht freie Kindheit in einer idyllischen Natur, die Vivienne Swire mit ihren Eltern und den beiden Geschwistern und jeder Menge Cousins und Cousinen im nordenglischen Derbyshire verbrachte, wo die Eltern ein kleines Postamt mit Gemüseladen führten. Und wo sie in der Schule erste Talente entwickelte, ganz speziell im Handarbeitsunterricht. »Damit haben wir einige der frühen Triebfedern für meinen späteren Werdegang beisammen. Ich zeichnete, ich erforschte die Natur, ich las unablässig und ich nähte. Aber ich bastelte auch, ständig.« Es ist das, was sie 70 Jahre später im Grunde immer noch tut. »Manchmal werde ich gefragt, wann ich mich zur Ruhe setzen werde. Aber im Ru-

Cool Britannia: Farbenfroh gekleidet und auf Augenhöhe – die Königin des Punk 1993 bei Queen Elizabeth II.

hestand machen die Leute doch das, was ihnen gefällt, und das tue ich ja schon«, sagt sie der Filmemacherin Lorna Tucker, die 2018 eine Dokumentation über Vivienne Westwood dreht.

Mit Malcolm McLaren wurde sie zur Vordenkerin des Punk

Aus der wissbegierigen Schülerin wurde eine fleißige Studentin, aus der Studentin eine engagierte Kunstlehrerin an einer Londoner Grundschule. Beim Tanzen traf sie Derek Westwood, einen begnadeten Rock-'n'-Roll-Tänzer in der Ausbildung zum Piloten; sie heirateten und bekamen den kleinen Ben. Kurz danach war sie auch schon wieder geschieden. Irgendwie hatte es nicht gepasst.

Und dann lernte sie einen Freund ihres Bruders, Malcolm McLaren, kennen und mit ihm die Rebellion, die Provokation, die Exzentrik. Anfang der Siebziger eröffnet sie mit dem späteren Manager der Punkband »Sex Pistols« in der legendären King's Road, einem Mekka für Mode und Musik, eine Boutique. Mehrfach neu konzipiert und umbenannt, besitzt sie den Laden noch heute, »Worlds End«. Sie quittierte den Schuldienst, kaufte sich eine Nähmaschine und legte los. T-Shirts mit zerstörerischer »Destroy«-Aufforderung oder einem Porträt der Königin mit Sicherheitsnadel in den Lippen. Latexhosen, Latexshirts, Latexmasken, ein schwarzes Shirt, vorne mit gebleichten Hühnerknochen und Ketten versehen, die das Wort »Rock« bilden. Fashion der Extreme, die heute in Museumsausstellungen bewundert und bei Christie's für sehr viel Geld versteigert wird. Die einst aber dazu gedacht war, die Gesellschaft aufzurütteln, die »Spießer« zu schockieren. Es war ein Ansatz, der bald an seine Grenzen stieß. Denn absichtlich zerrissene, löchrige Kleidung, mit Nieten und Nadeln zusammengehalten, wurde schon bald chic, das Establishment verleibte sich ein, was eigentlich verstören sollte. Sogar Westwoods wasserstoffblondiertes, in alle Richtungen abstehendes Igel-Haar wurde zur Trendfrisur.

»An Punk habe ich das Interesse verloren, als so viele uns kopierten.«

Doch die Rebellin war längst weiter – »an Punk habe ich das Interesse verloren, als so viele uns kopierten« – und auf der Suche nach einem neuen Weg in der Mode. Es wurde ein steiniger Weg, mit Höhen und noch mehr Tiefen. Ian Kelly, Autor und Westwood-Biograf: »Vivienne ist gewiss eine der ganz Wenigen in der Haute Couture und im Modegeschäft, die echte Armut kennengelernt haben.« Vor allem nach der Trennung von McLaren, der fortan alles daransetzte, sie kleinzureden (er nannte sie »seine Näherin«, beanspruchte die Rechte an ihren Entwürfen und drohte möglichen Geschäftspartnern mit Klage), lief es finanziell immer wieder ausgesprochen niederschmetternd. Selbst für den gemeinsamen Sohn Joe wollte McLaren nichts tun. Joe Corré, der spätere Gründer der Dessous-Firma »Agent Provocateur«, berichtet noch als erwachsener Mann davon, wie der Vater sich nach Hollywood abgesetzt habe, während die Familie zu Hause um Sozialhilfe bitten musste.

Doch Vivienne Westwood, in der Nachkriegszeit zur Sparsamkeit erzogen und mit einem eisernen Willen ausgestattet, blieb dran: 1981 präsentierte sie ihre rüschenumrankte Piraten-Kollektion und kreierte damit einen Stil, der als New-Romantic-Welle erneut Millionen inspirierte. Sie lancierte eine Harris-Tweed-Kollektion, womit sie dem angestaubten Karostoff zu neuem Schwung verhalf: Sie erfand Reifrock und Korsage neu, beides eine ironische Aufarbeitung des 17. und 18. Jahrhunderts und seiner höfischen Mode. Ihre Arbeit bekam Relevanz; seit Ende 1983 zeigt sie ihre Kollektionen auf der Pariser Fashion-Show. Und sie propagiert den Plateau-Schuh, bis heute eines ihrer immer wieder neu interpretierten Signaturstücke. Unvergessen, wie Naomi Campbell lachend auf dem Laufsteg sitzt, nachdem sie mit ihren 20-Zentimeter-Plateaus gestürzt war. Die blauen, geschnürten High Heels wanderten anschließend direkt ins Londoner Victoria & Albert Museum, und Naomi schwor Stein und Bein, sie sei nicht absichtlich gefallen. Im ersten Moment habe sie sich sogar geschämt und gedacht: »Ich habe Vivienne enttäuscht.«

Die hatte im Jahr zuvor – ob Provokation oder Versehen – ihrerseits Aufsehen erregt. Zur Verleihung des Order of the British Empire war sie im Dezember 1992 in einem grauen Kostüm mit langem Tellerrock erschienen, den sie für die Fotografen vor Buckingham weit schwingen ließ. Darunter trug sie eine transparente Strumpfhose – und weiter nichts. Die Queen fand es angeblich amüsant, jedenfalls wurde Vivienne Westwood 14 Jahre später von Prince Charles zur »Dame« geschlagen. Sie erschien in Begleitung ihrer Enkelin Cora und trug kleine silberne Teufelshörner im orange gefärbten Haar.

In Großbritannien wollten sich Erfolg und Anerkennung erst spät einstellen. Während sie im Ausland bereits frenetisch für ihren innovativen und immer wieder radikalen Stil gefeiert wurde, lud das britische Fernsehen sie in Talkshows, um sie dort als Witzfigur vorzuführen. Als Model Sarah Stockbridge 1988 einige der ausgefallensten Couture-Stücke im Studio vorführte, fragte die Moderatorin, ob man so wohl morgens in den Supermarkt gehen wolle. Das Publikum johlte, doch Westwood reagierte ungerührt: »Ich finde, sie sieht toll aus. Sie dürfen gern lachen, aber schauen sie auch hin.« Im selben Jahr erklärte die New Yorker Modebibel »Women's Wear Daily« sie neben fünf männlichen Couturiers, Saint Laurent, Armani, Ungaro, Lagerfeld und Lacroix, zur bedeutendsten Modeschöpferin der Welt. Herausgeber John Fairchild konstatiert: »Sie wird von den französischen und italienischen Avantgardedesignern kopiert, weil sie die Alice im Modewunderland ist.«

Ein guter Teil ihrer Zeit gehört jetzt dem Kampf für besseren Umweltschutz

Mit Ende 70 herrscht Vivienne Westwood über ein weltumspannendes Imperium mit mehr als 100 Shops und hunderten Mitarbeitern, vor allem der asiatische Raum ist verrückt nach ihren immer neuen Ideen. Wegen ihres beständigen Erfolgs gilt sie als die Coco Chanel unserer Tage, wegen ihrer Kompromisslosigkeit als letzter echter Rebell der Mode. Noch immer verteidigt sie ihre Unabhängigkeit, noch immer ist die Firma in ihrem Besitz. Seit 2016 verantwortet ihr Ehemann die Couture-Linie – »Andreas Kronthaler for Vivienne Westwood«. Kennengelernt hatte sich das Paar Anfang der Neunziger während Westwoods Gastprofessur in Wien, wo sich der Tiroler Student auf den ersten Blick in seine 25 Jahre ältere Dozentin verliebte.

»Kauft weniger, sucht gut aus, achtet darauf, dass es länger hält.«

Auch wenn sie nach wie vor sieben Tage die Woche arbeitet, Vivienne Westwood muss ihre Kräfte einteilen und neu gewichten. Denn die Mode hat Konkurrenz bekommen: Seit Jahren organisiert sie Demos gegen Umweltverschmutzung, Fracking oder Ölbohrungen in der Arktis, sie geht mit Greenpeace auf Expedition, trommelt zur Rettung des

Regenwalds, für den sie selbst 1,5 Millionen Dollar spendete. Sie trimmt ihren Konzern in Richtung Nachhaltigkeit und kümmert sich um Wohltätigkeitsprojekte wie das in Kenia, wo 250 Frauen Taschen und andere Accessoires aus Recyclingmaterial für die Marke Vivienne Westwood herstellen. Und sie fordert die Gesellschaft sowie ihre Branche mit immer neuen Manifesten und Parolen heraus. Sie sagt: »Kauft weniger, sucht gut aus, achtet darauf, dass es länger hält.«

ELFIE
SEMOTAN

GEBOREN AM 25. JULI 1941 IN WELS

ELFIE *SEMOTAN*

»Man fotografiert die Seele mit.«

Vor 50 Jahren wechselt das Fotomodell hinter die Kamera und macht sich fortan ein eigenes Bild – auch von Dingen, die man eigentlich gar nicht sieht

Einst Model und Muse, heute weltweit erfolgreiche Mode- und Porträt-Fotografin – Elfie Semotan ist Expertin in Sachen Schönheit, und das seit mehr als einem halben Jahrhundert. Wobei sie in all der Zeit ihren ganz eigenen Blick bewies, den sie immer noch sorgsam pflegt und definiert. »Schönheit ...«, mit einem Lächeln zieht sie die Augenbrauen hoch und sagt mit weichem Wiener Akzent, »nur hübsch sein oder schön sein, das macht noch gar nichts aus. Man fotografiert auch die Person mit. Man fotografiert auch die Seele mit.«

Man fotografiert die Seele mit ... In wenigen Worten beschreibt Elfie Semotan nicht nur ihre Arbeit als Fotografin, ihre persönliche wie professionelle Sicht auf Menschen, ihren Blick hinter die Dinge, sondern zugleich auch ihre Haltung und Grundsätze – wie sie überhaupt sehr nachdenklich über das spricht, was am Ende zu einer guten Arbeit, einem guten Bild führt. Ein Bild, das das Wesentliche offenbart. Begonnen hatte sie ihre Karriere in einer Branche, der häufig Oberflächlichkeit, mehr Schein als Wahrhaftigkeit, vorgeworfen wird. Nach einer Kindheit auf dem Land nahe Linz und später in Wien hatte sie dort mit 14 Jahren die Prüfung zur Modeschule bestanden. Außergewöhnlich früh, doch wohl leider auch mit magerem Ergebnis. Das Wesen der Mode, »die Geschichte, all die Möglichkeiten und vor allem die Kunst der Schnitte«, lernte sie erst später, als sie in einem der wenigen österreichischen Modeateliers, bei Gertrud Höchsmann, arbeitete. Doch Elfie Semotan wollte mehr und weiter, denn »im verstaubten Wien der Sechzigerjahre«, so fand sie, lag keine Zukunft. »Mit 20 Jahren und 700 Schilling in der Tasche machte ich mich auf den Weg« – nach Paris.

Elegant. Kühl. Provokant. Widerspenstig. Wenn für Elfie Semotan und ihre Arbeit Beschreibungen gesucht werden, geht es meist um Stil und Widerstand gegen das Bequeme, Offensichtliche. Schon als junge Frau muss sie dieses andere Etwas ausgestrahlt haben, wie frühe Fotos zeigen. Jung, verletzlich und gleichzeitig sehr selbstsicher, so präsentiert sich die Neu-Pariserin. In der Model-Szene hatte sie schnell Fuß gefasst. Einige Anrufe, so schreibt sie 2016 in ihrer Autobiografie, eine Vakanz im Couture-Haus Lanvin, schon war sie für die erste Show engagiert. Ähnlich unaufgeregt gelingt ihr der Einstieg als Fotomodell. Doch so forsch und leichtfüßig ihr Auftreten von außen betrachtet erscheint, im Inneren war sie weit weniger unbekümmert, sondern eher scheu und grüblerisch. »Modeln war für mich nicht vollkommen problemlos. Sich zu produzieren und zur Schau zu stellen – dazu muss man über eine eigene, etwas exhibitionistisch ambitionierte Persönlichkeit verfügen. So war ich weder damals, noch bin ich es heute. Zum anderen fand ich die gängigen Schönheitsideale langweilig und glatt. Schönheit ist etwas sehr Differenziertes, das in so vielen Formen aufblitzen kann. Mit der ewig gleichen Darstellung davon hatte ich eindeutig Probleme.«

Auf die Darstellung allerdings konnte sie bald Einfluss nehmen – und sie hat ihn bis heute behalten. Für ihren Freund, den Fotografen John Cook, hatte sie immer wieder die mühsame und doch spannende Aufgabe übernommen, seine Fotos zu entwickeln, und dabei ein Talent für das Technische entdeckt. »In der Dunkelkammer zählt einzig und allein die Präzision, und genau das gibt den Anstoß, noch besser, noch genauer und professioneller zu werden, das Wesen der Fotografie vollständig zu ergründen.« Schon bald wechselte sie auf die andere Seite der Kamera. Wie kurz zuvor ihre Freundin Sarah Moon oder später die Fotografin Ellen von Unwerth gab sie das Modeln als Hauptberuf auf und machte sich fortan voller Leidenschaft ihr eigenes Bild.

50 Jahre später wird Elfie Semotan 2019 in einer großen Ausstellung in Berlin gefeiert. Ganz besonders für ihren speziellen Blick, der das Gängige gegen den Strich bürstet. »Contradiction« (Widerspruch)

Eine Ausstellung für Elfie Semotan und ihren besonderen Blick auf die Welt

nennt die C/O Berlin Foundation die Schau, die zeigt, »was auch mal widerspenstig ist«, so Kurator Felix Hoffmann. Sie habe immer versucht, sich »aus einem üblichen Schema zu lösen, ein Stück weiter zu gehen«, ergänzt die 78-Jährige. »Eine Art von Widerspruch, weil man sich den Gegebenheiten nicht ergeben will.«

»Heute hört man mir zu, weil ich etwas zu sagen habe.«

Ihre erste veröffentlichte Arbeit hat sie immer noch. Eigentlich war es nur eine Werbung für teure Armbanduhren, doch das Bild in der Zeitschrift *twen* erzählt eine ganze Geschichte. Das Model, den rechten Arm vom Handgelenk bis über den Ellenbogen voller Uhren, wird offensichtlich von zwei Männern abgeführt. Erinnerung an den Schwarzmarkt im Wien der Nachkriegszeit. Später fotografiert sie Ringe an erkennbar alt gewordenen runzeligen Händen – ein Modefoto und zugleich ein Statement für den Glanz der Würde. Ganz gezielt hebelt sie mit ihren Bildern Stereotype aus. Furore macht ihre Serie für die Wäschefirma Palmers. Models in Dessous auf Plakatwänden, dazu die

Aufschrift: »Trau dich«. Was folgte, war ein Proteststurm der Empörung, auch von Feministinnen. Die sie versteht, aber nicht teilt. »Ich wollte die Frauen unmittelbar, unverblümt und nur in Unterwäsche ohne ablenkende Umgebung völlig auf sich reduziert darstellen, ohne Umschweife, ohne die Aura eines weiblichen ›Schutzbedürfnisses‹ …«

Da war Elfie Semotan längst nach Wien zurückgekehrt, wo sie den Künstler Kurt Kocherscheidt kennengelernt und 1973 geheiratet hatte. Freunde hatten ihn als mögliches Modell für einen Fotoauftrag empfohlen und ein Rendezvous im Café Bräunerhof arrangiert. Es ging sehr schnell. »Ich blickte ihn an und wusste: Mit diesem Mann möchte ich zusammenleben. Immer. Wir blieben bis sechs Uhr abends. Dann gingen wir ins Kino. Ab diesem Zeitpunkt waren wir unzertrennlich.« Als klar wurde, dass sein Herz erblich bedingt schwer angegriffen war, begann nicht nur das Leid, »immer wieder wurde ich in der Nacht wach und hatte diese Angst«, sondern auch eine neue Art des Zusammenlebens, intensiv, mit dem Wissen, »wie kostbar die Zeit war, die wir zusammen hatten«. Als er stirbt, ist sie 41 Jahre alt, der jüngere der beiden Söhne knapp zehn.

Fünf Jahre später schlägt das Schicksal erneut zu. Elfie Semotan muss sich von ihrem zweiten Mann, dem Künstler Martin Kippenberger, verabschieden, der nur sechs Wochen nach seiner Krebsdiagnose stirbt. Sie erträgt Wien, ihre alte Umgebung nicht länger. Mit Sohn August (der ältere, Ivo, studierte inzwischen in England) geht sie nach New York, in eine Stadt, die sie nie wieder ganz verlassen wird.

Heute lebt sie abwechselnd dort, in Wien und in ihrem Haus im burgenländischen Jennersdorf, das sie ihr »eigentliches Zentrum« nennt. »Hier kann ich überleben, sollte ich jemals sonst gar nichts mehr haben. Es ist mein spezieller, kostbarer Ort.« Beschützt wird sie in schweren Zeiten von ihrem besten Freund, dem Modedesigner Helmut Lang, als dessen Muse sie gilt. Der einzige österreichische Couturier von Weltrang hatte Elfie Semotan die Fotografie seiner Avantgarde-Mode anvertraut und die über 40-Jährige auch wieder auf den Laufsteg gebeten – damals so etwas wie ein Tabubruch. Was sogar der etwa elfjährige Sohn registriert, der ihr backstage zuflüsterte: »Mama, du weißt aber schon, dass du hier die Älteste bist.«

Die »Älteste« ist sie – die Fotografin von Künstlern wie Jonathan Meese und Maria Lassnig, Schauspielern wie Marion Cotillard und

William Dafoe, Models wie Naomi Campbell und Gisele Bündchen – inzwischen häufig. Den Vorgang des Älterwerdens betrachtet sie ein wenig ambivalent. »Ich mache es ja schon eine Zeitlang und habe mich daran gewöhnt. Aber seltsam ist es schon, ich fühle mich nicht so alt, wie ich auf dem Papier bin«, sinnierte sie kurz vor ihrem 75. Geburtstag. In einem anderen Interview erklärt sie zur gleichen Zeit: »Heute hört man mir zu, weil ich etwas zu sagen habe. Früher hat man mir zugehört, weil man mich gern angeschaut hat.«

Bis heute ist sie immer noch auf der Suche: nach neuen Perspektiven, nach Perfektion hinter dem Imperfekten, nach dem Wesentlichen, wie sie sagt. Sie findet es nun häufig in Stillleben, einem neuen Genre, das sie sich neben der Porträtfotografie erobert hat. Und wie in ihren frühen Jahren betrachtet sie das, was sie tut, nachdenklich und sehr genau. Denn »man muss als Fotograf eine Vorstellung von der Welt und von den Menschen haben, wie man sie gerne zeigen möchte«.

Oder, wie ihre Freundin, die Fotografin und Filmemacherin Sarah Moon, sagt: »Du fotografierst Dinge, die man nicht sieht.«

ISERE
combats magnifiques

GEBOREN AM 5. MÄRZ 1944 IN BOULOGNE-BILLANCOURT

ÉLISABETH *BADINTER*

»Ich bin Feministin. Das ist kein Beruf, sondern eine Berufung.«
Ein Leben für die Forschung und das Schreiben, für Frauen von heute und Frauen in der Geschichte – und immer mit einer klaren Haltung

»Der Konflikt« – so lautet der Titel eines ihrer Bücher, doch es hätte auch die Überschrift über ihre Autobiografie, über ihr berufliches Leben sein können. Darüber, was sie als ihre Aufgabe ansieht. Ob Feminismus, ob Mutterliebe, ob weiblicher Ehrgeiz, männliche Identität, ob Antisemitismus, ob Kopftuchdebatte, Élisabeth Badinter begleitet die gesellschaftlichen Debatten nicht nur. Nein, die wohl bekannteste französische Intellektuelle stößt im Gegenteil viele Diskurse erst an, wobei sie Widersprüche, Umbrüche, Täuschungen und Selbsttäuschungen zielsicher aufspürt und mit Leidenschaft benennt – und dabei selbst keinem Konflikt aus dem Weg geht. Schon gar nicht, wenn es unbequem sein sollte. »Ich liebe es, eine ganz gegenteilige Sicht der Dinge zu äußern, und das vielleicht nicht unbedingt subtil … Ich sehe eine Doppeldeutigkeit und dann will ich da hineinbohren. Ich bin eine Fanatikerin der Klarheit.«

Seit vier Jahrzehnten wird die Professorin nun als streitbare und im Denken unabhängige Ideengeberin ebenso gefeiert wie angefeindet. Beinahe jedes ihrer fast 20 Bücher avancierte zum Bestseller, gleich das erste, »L'Amour en plus« (1980) (»Mutterliebe«), wurde in 30 Sprachen übersetzt. Danach ging es Schlag auf Schlag: Werke zu Geschichte, Werke zur gesellschaftlichen Situation der Frau, zum Verhältnis der Geschlechter zueinander, und Biografien, wie 2017 über die österreichische Kaiserin Maria Theresia und deren Dreifachrolle als Regentin, liebende Ehefrau und 16-fache Mutter.

Doch auf ewig verknüpft bleibt Élisabeth Badinters Name wohl mit ihrem Erstling über die Mutterliebe, den sie im Alter von 36 Jahren, damals selbst schon Mutter von drei Kindern, herausbrachte. Ihre für unsere Verhältnisse sehr provokante These – »die Mutterliebe ist nur ein menschliches Gefühl. Sie ist, wie jedes Gefühl, ungewiss, vergänglich und unvollkommen« – hatte sie aus der französischen Geschichte hergeleitet. Noch im 18. Jahrhundert gaben aristokratische wie bürgerliche Frauen ihre Kinder an Ammen, wo sie nur mit viel Glück die ersten Jahre überlebten. Danach schickte man den Nachwuchs in Internate, Kadettenschulen oder Klöster. Fürsorgliche Mutterliebe? Fehlanzeige. Dieses Gefühl, so fand Élisabeth Badinter bei ihren Recherchen heraus, entstand erst in jüngerer Zeit. Sozusagen als gesellschaftliche Errungenschaft. Sie habe sich die Frage gestellt, »ob der Mutterinstinkt nicht ein Mythos ist. Ich wollte mit den Stereotypen aufräumen, die auf dem Bild der Mutter lasten. Und das hat eine gewisse Wirkung gehabt«. Das Werk machte Furore und ihre eigene Familie nicht unbedingt glücklich. Tochter und Söhne kamen verwirrt aus der Schule zurück, wo ihnen Klassenkameraden erklärt hatten: »Eure Mutter liebt euch nicht; sie glaubt nicht an den Mutterinstinkt.«

Als mittleres von drei Mädchen in eine der wohlhabendsten Familien Frankreichs geboren, hätte sich Élisabeth Bleustein-Blanchet das Leben einfach machen können. Sie wählte den ambitionierten Weg. Nachdem sie mit Anfang 20 zufällig einen Freund der Familie wiedergetroffen hatte, »er erzählte, er sei unlängst geschieden worden. Wir tranken einen Kaffee zusammen. Et voilà«, heiratete sie mit 22 und hatte dreieinhalb Jahre später nicht nur drei Kinder zur Welt gebracht, sondern bald auch ihr Studium der Philosophie und Soziologie an der Sorbonne beendet. »Übrigens habe ich vier Anläufe gebraucht, um meinen Abschluss und meine Lehrzulassung zu erhalten. Beim vierten Mal sagte der Vorsitzende der Prüfungskommission zu mir: ›Diesmal kriegen Sie die Zulassung, weil Sie einfach nerven.‹ Es war auch die Zeit, in der ich meine Kinder bekam. Diese Prüfung zu bestehen, wenn man gerade entbunden hat, ist keine Selbstverständlichkeit.«

Sie begann als Philosophielehrerin an einem Gymnasium und wechselte bald an die Eliteuniversität

Zwei Generationen vereint für den Feminismus: Élisabeth Badinter mit Simone de Beauvoir

École Polytechnique, wo man »den Frauenanteil in dieser Institution erhöhen wollte«. Der Leiter der Fakultät für Gesellschaftswissenschaften bat sie, ein Seminarthema vorzuschlagen: »Ich erzählte ihm also von der Geschichte der Mutterliebe. Er war hin und weg.« Als Nächstes erörterte sie die Frage: Was ist ein Mann?, »... um mein Buch über die männliche Identität vorzubereiten. Ein etwas irritierendes Thema für Militärs«. Ihr Vorbild seit ihrer Jugend: Simone de Beauvoir.

Es dauerte nicht lange und Élisabeth Badinter und ihr Mann Robert zählten zu den »Power-Paaren« von Paris, heute sind mehrere Schulen nach »les Badinters« benannt. Beide gehörten zum engen Kreis um Präsident François Mitterrand, als dessen Justizminister Robert Badinter die Todesstrafe in Frankreich abschaffte. Élisabeth Badinter, die ihren 16 Jahre älteren Ehemann liebevoll einen »Feministen« nennt – »Er hat mich sehr unterstützt, und ein Mann, der so glücklich ist, wenn seine Frau etwas erreicht, das sie glücklich macht, der ist für mich ein Feminist« –, widmet ihr Leben den großen Fragen des Miteinanders.

Sie kämpft für das Recht auf Abtreibung, »ich glaube, dieses Gesetz ist eines der wichtigsten für Frauen in der Geschichte«, für gleiche Löhne, für den Feminismus, dessen Errungenschaft sie allerdings durch einen »schrecklichen Rückschritt« bedroht sieht, wie sie 2010 schreibt. Angestachelt von einem neuen Mutterbild und entmutigt durch die Härten im Arbeitsmarkt, zögen sich junge Frauen vermehrt ins Private zurück, um dort »l'enfant roi« zu betreuen, in der Erwartung, dass »die Erziehung ihrer Kinder ihr Meisterwerk werden könnte«. Ein späterer Weg zurück in den Job sei schwierig, finanzielle Unabhängigkeit ein großes Problem: »Was passiert danach, wenn die Kinder aus dem Haus sind? Und der Mann vielleicht auch? Was dann?«

Emanzipation – durch Rückschritt und ein neues Mutterbild bedroht?

Heftige Reaktionen erntet sie für ihr Buch »La Fausse Route« (Der falsche Weg), das 2004 unter dem Titel »Die Wiederentdeckung der Gleichheit« auf Deutsch erscheint und für das sie, wie sie sagt, »eine tüchtige Tracht Prügel, vor allem von feministischer Seite, kassiert« habe. Darin beklagt sie eine »Viktimisierung« der Frauen, die diese im Grundsatz zu Opfern, also schwächlich und wehrlos, mache. Auch Frauen seien Täter, und Männer Opfer, die Geschlechter gleicher, als es ein Feminismus, der auf die Unterschiede pocht, wahrhaben wolle.

Schon in den Neunzigerjahren war sie vor allem im eigenen Lager, bei den Linken, mit ihrem Kampf gegen Verschleierung und Kopftuch angeeckt. Als einige Mädchen entgegen dem Gesetz mit Hijab in die Schule kamen, hatten viele Toleranz angemahnt, es sei doch nur ein Kleidungsstück – was Élisabeth Badinter als Angriff auf die Trennung von Kirche und Staat, aber auch auf den Feminismus wertete: »Wenn alle ›Sitten‹ zu respektieren sind, müssen wir dann auch die Polygamie und die Klitorisbeschneidung in Frankreich einführen?« Kritik an ihrer Sicht der Dinge nimmt sie in Kauf: »Ich werde mich weiter dazu äußern … Es muss einem egal sein, ob man als islamophob abgestempelt wird.«

Unabhängigkeit und Stärke, beides ist wohl auch ein Erbteil der Eltern. Die Mutter Sophie Vaillant, eine Englischlehrerin, war 1940 zur Heirat mit Marcel Bleustein zum Judentum konvertiert. Es war das Jahr, als Nazi-Deutschland in Frankreich einmarschierte. Der Vater, Sohn russischer Einwanderer, kämpfte in der Résistance für die Freiheit. Nach Kriegsende fügte er seinem Namen den Decknamen aus dieser Zeit, Blanchet, an und machte mit seiner Werbeagentur Publicis, die er 1926 gegründet hatte, Karriere. Er war es, der schon die kleine Élisabeth zu Ehrgeiz und großen Zielen anstachelte. »Er sagte, wenn ich mich bemühe, gäbe es nichts, was ich nicht tun könnte.«

Heute führt sie als wichtige Aktionärin und Aufsichtsrätin das Unternehmen des Vaters weiter, das mit 77 000 Mitarbeitern in mehr als 100 Ländern als drittgrößter Kommunikationskonzern der Welt gilt. Jeden Mittwoch widmet sie dem Business, den Rest der Woche verbringt sie am Schreibtisch oder in Archiven, wo sie mit ungebrochener Leidenschaft zu Feminismus und Geschichte forscht. Ihre Liebe gehört dem 18. Jahrhundert, der Zeit, als Frauen wie die Mathematikerin Émilie du Châtelet, über die sie zwei Bücher verfasst hat, begannen, die Wissenschaften für sich zu entdecken und für ihre Gedanken und Erkenntnisse zu streiten.

Intellektuelle, Historikerin, Philosophin, Soziologin, Anthropologin, Feministin. Wie würde sie ihren Beruf eigentlich selbst beschreiben, wurde Élisabeth Badinter vor einigen Jahren einmal gefragt. Sie dachte nicht lange nach: »Ich bin Feministin. Das ist kein Beruf, sondern eine Berufung.«

ALICE *NKOM*

»Irgendjemand muss es tun.«

Trotz Anfeindungen kämpft die Anwältin in Kamerun für die Rechte der Homosexuellen – es ist ein einsamer, gefährlicher Kampf

Schmähungen, Anfeindungen, Todesdrohungen. Alice Nkom ist als Anwältin oft die letzte Rettung für viele ihrer Mandanten – und bräuchte doch selbst Schutz und Rückendeckung. »Mutter Courage«, wie sie gelegentlich anerkennend genannt wird, hat es sich zur Aufgabe gemacht, Menschen zu verteidigen, die sich schuldig gemacht haben – einen anderen Menschen zu lieben. In ihrer Heimat Kamerun gilt Homosexualität als Verbrechen, gleichgeschlechtliche Paare riskieren lange Gefängnisstrafen, begleitet von gesellschaftlicher Ächtung und Misshandlungen. Alice Nkom, längst mehrfache Großmutter, ist die einzige Anwältin im Land, die sich um verfolgte sowie verurteilte homosexuelle Männer und Frauen kümmert, ihnen in Prozessen und auch danach beisteht. Ihr Credo: »Ich weiß, dass es ein Risiko ist, aber wenn du etwas unternimmst, das richtig ist, tust du es einfach und siehst dich vor. Irgendjemand muss es tun.« Darüber hinaus arbeitet sie daran, mit internationaler Hilfe gegen das Gesetz zur Bestrafung dieser Menschen vorzugehen – ein Gesetz, das sie als »illegal« brandmarkt.

In bescheidenen Verhältnissen als eines von elf Geschwistern aufgewachsen, hat Alice Nkom einen beeindruckenden Willen und bewundernswerten Mut entwickelt. Wegen ihrer exzellenten Schulnoten hatte sie mit einem Jurastipendium im französischen Toulouse sowie später im kamerunischen Douala studieren können; 1969 wurde sie als Anwältin zugelassen. Erst wenige Jahre zuvor, im Oktober 1961, war die zentralafrikanische Republik am Atlantischen Ozean mit ihren gerade mal fünf Millionen Einwohnern unabhängig geworden, hatte fast 100 Jahre Kolonialherrschaft von Deutschen, Engländern, Franzosen hinter sich gelassen. Was blieb, war die christliche Religion der Unterdrücker mit rigiden Moralgesetzen. Alice Nkom, als junge Anwältin nun selbst einigermaßen privilegiert, startet in einer renommierten Sozietät, wo sie die politische und wirtschaftliche Elite des Landes juristisch betreut. Sie ist die erste Schwarze in diesem Beruf und fühlt gehörigen Druck, aber auch Verantwortung: »Sie müssen mit makellosem Beispiel vorangehen, dürfen keinen Fehler machen, null Toleranz, denn von ihrem Erfolg hängt die Zukunft kommender Generationen ab und ob sie sich von ihrem Vorbild anstecken lassen.« Doch die Vorstellungen der jungen Rechtsanwältin über Recht und Gerechtigkeit gehen schon bald in eine ganz eigene Richtung. 1974 gründet sie ihre eigene Kanzlei und verlegt sich auf die gesellschaftlich schwierigen Fälle – die Verteidigung von politischen Gefangenen, den Einsatz für Frauenrechte. Und sie gründet ihre erste Organisation, die sie auf diesem ihrem Weg unterstützen soll: »Lady Justice«.

Beinahe durch Zufall wird sie Anfang des neuen Jahrtausends schließlich ihre Berufung entdecken, die sie bis ins Alter nicht mehr loslässt: der Kampf für die Menschenrechte von Homosexuellen und sexuellen Minderheiten.

Für die religiösen Fanatiker ist Alice Nkom »die Verteidigerin des Teufels«

Auslöser war der Besuch einiger Freunde aus Paris, die sie als besorgte Gastgeberin gewarnt hatte, sich in der Öffentlichkeit lieber nicht als Homosexuelle erkennen zu geben. Danach kam sie ins Grübeln: »Ich konnte beobachten, wie sie von Tag zu Tag unglücklicher wurden, weil sie sich verstecken und verleugnen mussten. Ich dachte: Alice, sei nicht feige, du musst etwas tun.« Noch im selben Jahr gründete sie eine Organisation zur Verteidigung der Rechte Homosexueller, die sie im Laufe der Jahre zu einem weltweit bekannten Verband ausbaute, der Betroffenen rechtliche und psychologische Unterstützung, aber auch Sicherheitstrainings sowie finanzielle Hilfe anbietet. Heute gilt Alice Nkom als die wichtigste Stimme auf dem afrikanischen Kontinent für die LGBTQI-Gemeinde und ist auch international – von den Vereinten

»Mutter Courage«: 2014 bekommt Alice Nkom den Amnesty-Menschenrechtspreis

Nationen bis zum Weltwirtschaftsforum in Davos – als Expertin gefragt. Abgesehen von den Gesetzen hält sie ihren Kritikern die Religion entgegen: »Auch Schwule und Lesben sind Geschöpfe Gottes. Wer Homosexuelle ablehnt, stellt Gottes Schöpfung in Frage.«

Doch für die religiösen Fanatiker ist sie »die Verteidigerin des Teufels«. Sie erhält Drohungen per Mail, per Telefon, der Justizminister will ihren Ausschluss aus der Anwaltskammer, ein Kollege fordert im Fernsehen ihren Tod, die Bibel in der Hand. 2011 droht man ihr mit Gefängnis, weil sie EU-Gelder für ihre Organisation angenommen hatte, was der Staat als Einmischung in innere Angelegenheiten wertet. Auf alles gefasst, schrieb sie ihren Freunden: »Es könnte sein, dass ich in den nächsten Tagen verhaftet werde, aber das raubt mir nicht den Schlaf. Ich werde deshalb nicht aufgeben, was wir gemeinsam begonnen haben.«

Alice Nkom engagierte einen Sicherheitsdienst, lässt sich aber nicht weiter einschüchtern oder gar mundtot machen. Als sie im Jahr 2014 in Deutschland den Amnesty-Menschenrechtspreis erhält, nutzt sie das internationale Interesse und prangert die Verhältnisse in ihrer Heimat an. »Der Staat in Kamerun ist repressiv und homophob. Ich würde sogar so weit gehen und von einer Art ›Apartheid‹ sprechen, denn der

Staat erlässt Gesetze, die gegen den Schutz der Minderheiten verstoßen.« In einem anderen Interview beklagt sie: »Es ist so, dass Kamerun leider zum Weltmeister hinsichtlich der Verletzung der Rechte von Menschen und von Homosexuellen geworden ist. Und das, obwohl es in Kamerun im Gegensatz zu Uganda und Nigeria kein solches Gesetz gibt, das Homosexualität verbietet.«

In mindestens 37 Staaten weltweit steht Homosexualität unter Strafe, in einigen droht gar die Todesstrafe, so die deutsche Bundesregierung im April 2019 auf eine Anfrage der Grünen-Partei. Kamerun hat seit 1972 seinen Artikel 347 a – er verbietet sexuelle Handlungen mit Personen des eigenen Geschlechts und droht mit Gefängnis bis zu fünf Jahren. Nicht nur Alice Nkom fragt sich: Wie etwas bestrafen, das üblicherweise im Privaten stattfindet? Und noch dazu, wenn die Verfassung den Schutz der Privatsphäre garantiert? Obendrein hat Kamerun 1984 die Einhaltung der UN-Menschenrechtskonvention unterzeichnet, die das Recht auf sexuelle Selbstbestimmung garantiert. Der Alltag sieht anders aus.

Tatsächlich reicht eine Denunziation oder ein Verdacht, um Menschen wegen angeblicher Homosexualität festzunehmen, mit erniedrigenden ärztlichen Untersuchungen zu traktieren und jahrelang ins Gefängnis zu sperren, wo sie von Wärtern und Mithäftlingen misshandelt werden. Immer wieder berichtet Alice Nkom von Fällen, die durch nichts vom nationalen Gesetz gedeckt sind, die absurd und bizarr konstruiert werden – und die dennoch Menschenleben kosten. So wurde im Jahr 2011 Jean-Claude Roger Mbede zu 36 Monaten Gefängnis verurteilt, weil er einem Mann eine Liebes-SMS geschickt hatte. Auch eine Kampagne von Amnesty International konnte nicht verhindern, dass Mbede mit 34 Jahren noch in der Haft starb.

Sein Schicksal sowie den »Baileys-Fall« brachte die Anwältin 2012 vor die UN. Kurz zuvor waren zwei Männer verurteilt worden, weil sie irgendwie unmännlich wirkten und außerdem in einer Bar Baileys Irish Cream tranken, einen Likör, dessen Verzehr als weibisch angesehen wurde. Der falsche Gang, die falsche Frisur, die falsche Kleidung können reichen, um als homosexuell verdächtigt und schließlich verurteilt zu werden. Die Angst vor Verfolgung ist so groß, dass Erpresser leichtes Spiel haben.

Wenn die Situation auch noch nie einfach gewesen war, in einem Land, das seit 1982 autokratisch von einem katholischen Präsidenten regiert wird. Den Kreuzzug entfacht hat erst im Jahr 2006 ein Bischof. Er hielt eine viel beachtete Brandrede gegen die Beamten im Staat, die sowohl die hohe Jugendarbeitslosigkeit zu verantworten hätten als auch hemmungslos der Homosexualität frönten. Mehrere Zeitungen griffen die Kampagne auf und veröffentlichten Listen von angeblich schwulen Staatsbediensteten. Die Hatz begann.

Unterstützt würden die Hetzkampagnen von aus den USA finanzierten Freikirchen, sagt Alice Nkom. In Kamerun, einem Land ohne Rechtsstaatlichkeit, seien die Menschen verarmt, »sie suchen Sündenböcke, sie machen mit, um sich von ihren Problemen abzulenken«. Für sexuelle Minderheiten sei die Lage mehr als schwierig: »Sie leben in der Hölle.«

Tatsächlich äußern sich Menschen auf der Straße hasserfüllt über jene, die sie »abartig« nennen. Man sollte sie »hängen« für ihre »satanischen Praktiken«, verlangt etwa eine junge Frau in der Dokumentation »Cameroun, sortir du Nkuta?« (2010), die sich mit dem Leben der verfolgten Homosexuellen in Kamerun beschäftigt. Der Film »Born to be wild«, der die Arbeit von Alice Nkom würdigt, wurde 2013 auf der Berlinale gezeigt.

Es ist ein gefährlicher und oft auch einsamer Kampf, den sie seit vielen Jahren führt. Ihr Kompagnon hielt die Einschüchterungen nicht mehr aus und verließ mit seiner Familie das Land. Sich selbst sieht Alice Nkom durch das internationale Interesse ein wenig beschützt, Aufgeben kommt für sie nicht in Frage. »Ich werde kämpfen, solange ich Energie habe. Ich stehe bei denen in der Schuld, die dafür gekämpft haben, dass eine Frau wie ich eines Tages Anwältin sein konnte.« Junge Juristen finden sich kaum bereit, an ihrer Seite die Menschenrechte zu verteidigen, sie scheuen die Gefahr. Doch Alice Nkom zieht es ohnehin vor, möglichst allein zu arbeiten. »Ich habe kaum Mitarbeiter, weil ich sie nicht beschützen kann. Außerdem weiß ich nicht, ob sie nicht vielleicht doch von der Regierung geschickt wurden, um mich auszuspionieren.«

Ihre Familie gibt ihr Kraft und Hoffnung. »Mein 16-jähriger Enkel ist eines Tages zu mir gekommen und sagte: ›Großmutter, den einzigen Erbteil, den ich von dir einfordere, ist dein Kampf, ist dein Engagement; ich weiß nicht, ob ich ihn so gut fortsetzen kann wie du, aber ich werde ihn auf jeden Fall fortsetzen, das verspreche ich dir!‹«

HELEN *MIRREN*

»Alt sein ist cool.«

Mit Mitte 70 ist die Britin mit russischer Seele einer der fleißigsten und beständigsten Weltstars im Kino

Es war die Queen, die ihre Karriere noch einmal so richtig auf Touren brachte, oder wie Helen Mirren trocken sagt: »Ich ploppte regelrecht zurück ins Geschäft.« Mit der Verkörperung von Königin Elizabeth II. im Kinofilm »Die Queen« erspielte sie sich, immerhin schon 62 Jahre alt, 2007 nicht nur ihren ersten Oscar, sondern im Anschluss auch so etwas wie ein Dauer-Abonnement, was neue Rollenangebote und Öffentlichkeit betrifft. Mehr als 20 Filme drehte sie seitdem, darunter »Die Frau in Gold« und »Hitchcock«. 2019 nahm sie sich dann die nächste Herrscherin vor: Katharina die Große, Russlands legendäre Zarin. Mit Mitte 70 ist Helen Mirren eine der meistbeschäftigten Schauspielerinnen zwischen Hollywood und London.

Sie gilt als Vorzeige-Britin schlechthin, »very sophisticated« und dennoch lässig. Und das nicht erst, seit sie 2003 zur Dame Commander of the British Empire geadelt wurde oder seit sie binnen eines Jahres erst Elizabeth I. und anschließend Elizabeth II. vor der Kamera gab. Wobei ihre originalgetreue Darstellung der bekanntesten Frau des Planeten, Elizabeth Windsor, eine ganz eigene Wirkung entfaltete: »Das hatte ja fast etwas Ikonenhaftes bekommen. Die Leute begannen, mich wie die Queen zu behandeln. Und ich musste alle daran erinnern: Das ist nur meine Arbeit!«

Und doch gibt es so manche Ähnlichkeit, und dies nicht nur äußerlich. Neben einer ausgewiesenen und vorbildhaften »Britishness«, einer natürlichen Autorität und großer Disziplin ist da auch ein merkwürdig ähnlicher Hintergrund. Ganz wie die Queen, deren Stammbaum zum Teil in Deutschland Wurzeln besitzt, so hat auch Helen Mirren das, was man heute einen Migrationshintergrund nennt. Ihr Großvater Pyotr Mironov, Spross einer russischen Aristokratenfamilie, hielt sich 1917 zur Zeit der Revolution geschäftlich in London auf und blieb notgedrungen dort; Revolutionäre hatten keine Verwendung für den verhassten Adel. Seine Enkeltochter wurde 1945 als Ilyena Lydia Vasilievna Mironova geboren. Erst in den Fünfzigerjahren, nach dem Tod des alten Herrn, änderte die Familie ihren Namen in Mirren, aus Ilyena wurde Helen. Und auch wenn die einstigen Reichtümer verloren und Geld in der Familie Mironov / Mirren meistens knapp war, Fürst Pyotr hatte sein Erbe hinterlassen. »Obwohl ich nur ein paar Mal für einige Wochen in Russland war, bin ich wohl mehr russisch als britisch. Die Ernsthaftigkeit, mit der ich das Leben betrachte, meine Liebe zum Philosophieren, das sind eher russische Eigenschaften.« Eine Ernsthaftigkeit, die von den Eltern – der Vater ein glühender Anti-Monarchist und Sozialist, Taxifahrer und Musiker, die Mutter, eine Engländerin aus der Arbeiterklasse – zusätzlich gefördert wurde. »Wir haben zu Hause beim Abendessen immer über die großen Fragen des Lebens diskutiert: Gibt es eine Seele? Was ist Kunst? Was ist der Unterschied zwischen Kunst und Handwerk?«

Markenbotschafterin für einen Beauty-Konzern. »Es war Zeit, dass jemand in meinem Alter das tut.«

Und womöglich ist es das, was sie von vielen anderen Weltstars abhebt: ihr Blick auf das Leben, ihr Hang, die Dinge zu hinterfragen, und ihre Lust, genau das zu sagen, was zu sagen ist.

Ob Feminismus und Sexismus, ob Jugendobsession und das Alter, ob Schönheit oder Geld – Helen Mirren hat in jedem Fall ihren Standpunkt – und vertritt ihn. Seit jeher unverblümt, unprätentiös, direkt. Und in sehr seltener Weise immer loyal, was Frauen betrifft. Keine Koketterie, keine Falschheiten, kein X für ein U. Ein Beispiel? Da wäre ein Selfie auf ihrem Instagram-Account, das sie vor der Oscar-Gala 2019 zeigt. Sehr ungeschminkt, mit nassen, strähnigen Haaren und gerunzelter Stirn, hinter ihr setzt der Friseur zu seiner Arbeit an. Ihren kleinen Text zu dem ungewöhnlichen Selbstporträt beendet sie mit den Worten: »Was

Die großen Frauen in der Geschichte sind ihr Fach: Helen Mirren 2019 als Katharina die Große

habt ihr denn geglaubt? Alles Natur?« Etwas später am Tag postet sie dann noch ein Foto von sich, im fuchsiafarbenen Kleid, mit Harry-Winston-Juwelen – strahlend, funkelnd, bestens gelaunt. Doch die Botschaft an alle Frauen dieser Welt ist klar: Es sind nicht nur die Gene, es sind nicht nur Schlaf und zwei Liter Wasser am Tag, und es ist nicht total normal, wenn eine Frau wie eine Diva leuchtet. Es braucht seine Zeit, bis Helen Mirren wie der Star Helen Mirren aussieht. Und es ist harte Arbeit.

Natürlich hat sie das Angebot des Kosmetikkonzerns L'Oréal angenommen, als Markenbotschafterin für dessen Beauty-Produkte aufzutreten, denn »es war an der Zeit, dass jemand in meinem Alter das tut«. Da war sie 70 und bestand darauf, dass der Fotograf sie nicht mittels Retusche verjüngt. »Ich habe gesagt, ihr nehmt mich mit meiner Auffassung oder eben gar nicht.« Frauen hätten es jedenfalls satt, Bildern von sehr jungen Mädchen nacheifern zu müssen. »Und wir sprechen hier von 15-Jährigen. Wer sieht schon wie 15 aus? Das ist nicht fair.«

Ihren Job hat sie von der Pike auf gelernt. Kleine Einsätze im Schultheater, mit sechs gab sie die Jungfrau Maria, ein Auftritt ohne Text – »ich hatte nur dazusitzen. Die perfekte Rolle!« –, wenig später die Gretel im Märchenspiel. Danach war wohl alles klar. Mit 19 Jahren schaffte sie als jüngste Elevin den Eintritt in die Royal Shakespeare Company in Stratford-upon-Avon, noch heute die englische Theatertruppe überhaupt, mit so legendären Stars wie Richard Burton, Peter O'Toole und Vivien Leigh. Dort arbeitete sie sich durch William Shakespeares Werk, von Tragödie bis zu Komödie, von der »Cressida« bis zur »Ophelia«. Dann kam der Film. Und es kamen die »schrecklichen Siebziger«, das Jahrzehnt, das sie heute noch hasst.

Es begann mit dem Artikel eines gewissen Philip Oakes in einer Sonntagsbeilage mit der Überschrift »Stratfords sehr eigene Sex-Queen«, die, so schreibt sie Jahrzehnte später, »mich für die nächsten zwanzig Jahre oder mehr verfolgen sollte. Ich werde Mr. Oakes niemals verzeihen«. Und es gipfelte 1975 in einer Talkshow, zu der sie der Moderator, natürlich, als Sex-Queen begrüßt. Um sie dann, mit Blick auf ihre Oberweite, zu fragen, ob es denn nicht sehr hinderlich beim Spielen sei, wenn man über eine solche »Ausstattung«, solche »Attribute« wie sie verfüge. Sie hat die Szene nie vergessen und auch nicht ihre unterdrückte Wut, die sie sich kaum anmerken ließ. »Dieses Jahrzehnt nach der sexuellen Revolution und vor dem Feminismus war gefährlich für Frauen«, sagt sie. »Ich bin im Interview charmant und immer noch ziemlich freundlich geblieben. Aber ich war sauer. Richtig sauer. Aber damals fand der Rest der Welt die Frage nicht sexistisch. Heute wäre das anders.«

»Wenn ich 80 bin, höre ich vielleicht doch auf. Aber wir werden sehen.«

Hunderte Filme im Kino und im Fernsehen, ungezählte Theaterstücke, Helen Mirren ist einer der beständigsten und fleißigsten Stars. Das soll auch so bleiben. »Schließlich habe ich ständig gearbeitet. Wenn ich 80 bin, höre ich vielleicht doch auf. Aber wir werden sehen.« Manchmal klagt sie, es würden ihr vor allem Jobs als verbitterte Alte angeboten, »die Männer, die das meistens schreiben, können sich gar nicht vorstellen, dass man als ältere Frau etwas anderes als gehässig und verbittert sein könnte«. Aber dann spielt sie gelegentlich doch die verhärmte Frau, so wie in dem Film »Hinter der Tür« mit István Szabó als Regisseur, der sagt: »Sie ist ein Mensch ohne Angst. Sie ist eine präzise Schauspielerin, aber es sind vor allem Haltung und Würde, mit denen sie spielt.«

Nach den großen Erfolgsstreifen wie »Excalibur« oder »Die Queen« liebt Mirren nun die »kleinen, interessanten Filme« und preist ihre finanzielle Unabhängigkeit, auch von Ehemann Taylor Hackford, mit dem sie seit 1997 glücklich verheiratet ist. »Ich liebe es, für meine Arbeit bezahlt zu werden, es ist eine Belohnung für meine strikte Selbstdisziplin.«

Feminismus bleibt ihr eine Herzensangelegenheit – und Borniertheit ein Graus. »Es macht mich wütend, wenn ich junge Frauen sagen höre, sie seien keine Feministinnen. Da antworte ich, ›Okay gut, lass uns alles wegnehmen, was die Feministinnen für dich erreicht haben!‹ Sie könnten nicht mal mehr eine Kreditkarte bekommen ohne einen Mann, keine Finanzierung für ihr Haus. Sie könnten nicht arbeiten.«

Ihr junges Ich, das würde sie gerne noch einmal treffen, und wenn es nur dazu dient, der Helen von früher die Einsichten einer älteren Frau zu geben. »Alt sein ist cool, aber oh, wie sehr ich mir wünschte, jetzt 18 zu sein und mit der Stärke und der Courage zu sagen: Fuck off!« Welchen Rat sie für die junge Helen hätte? »Sei pünktlich. Habe Spaß, wenn du möchtest, und schäm dich nicht dafür. Und wenn dich irgendwelche Leute ärgern, sei nicht immer so höflich.«

MARINA *ABRAMOVIĆ*

»Bei Performance geht es immer nur um den Bewusstseinszustand.«

Eine furchtlose Künstlerin, die sich mit ihren Auftritten dem Publikum ausliefert. Und eine Kunst, die das Extreme liebt

Siebenhundertsechsunddreißig Stunden. 736 Stunden saß sie regungslos auf einem Stuhl, leicht nach vorne gebeugt, ohne aufzustehen, ohne zu sprechen, ohne zu trinken, ohne zu essen. Drei Monate lang, sechs Tage die Woche, jeweils mindestens 7 Stunden am Stück. Es war die anrührendste, die aufwühlendste Performance, die Marina Abramović jemals gezeigt hat. Aufwühlend nicht nur für die Künstlerin, sondern auch für fast eine Million Menschen, die im Frühjahr 2010 in New York ins MoMA, das Museum of Modern Art, pilgerten, um die »Grande Dame der Performance«, wie sie inzwischen gefeiert wird, zu sehen. Um ihr, als direktes Gegenüber, in die Augen zu sehen: »The Artist Is Present«.

Man habe sie und ihre Kunst lange Zeit für irre gehalten, resümiert Marina Abramović einige Wochen vor ihrer größten Schau. »Jetzt bekomme ich endlich die Anerkennung. Es dauert so lange, bis man ernst genommen wird. Es ist ein langer Weg.« Für eine Dokumentation zur Ausstellung wird sie über Monate hinweg mit der Kamera begleitet: Vorbereitungen, Workshops, Rückblicke, Interviews, Business, Privates, selbst das Entspannungsbad, alles wird festgehalten. Auch ihr Inneres, »the state of mind«, für sie das Wichtigste in der Kunst. »Bei Performance geht es immer nur um den Bewusstseinszustand.«

Dass sie Künstlerin werden wollte, wusste Marina Abramović, Tochter zweier Partisanenkämpfer für

Jugoslawiens späteren Präsident Tito, »schon im Alter von sechs oder sieben«. Eigentlich kam kein anderes Ziel, ja kein anderer Lebensinhalt in Frage. Mit 14 die erste Malstunde, mit 17 bereitete sie ihre Mappe für die Kunstakademie von Belgrad vor, mit 19 wurde sie aufgenommen. Die Eltern, Teil der kommunistischen Nomenklatura, lebten äußerlich privilegiert, doch hinter verschlossenen Türen herrschte andauernder Krieg: Vorwürfe, Geschrei, Prügel, Scheidung – das Kind mittendrin. »Bis heute kann ich es nicht ertragen, wenn jemand im Zorn die Stimme erhebt. Wenn das passiert, erstarre ich total. So als hätte ich eine Spritze bekommen – ich kann mich dann einfach nicht mehr bewegen.« Als Marina Abramović in ihrer Autobiografie mit ihrer traumatischen Kindheit, der lieblosen Mutter, die sie auch als Erwachsene noch schurigeln wird, dem unzuverlässigen Vater, ins Gericht geht, ist sie im 70. Lebensjahr. Schrecken und Trauer sind immer noch präsent.

Doch Vater und Mutter, die bis an beider Lebensende eine wichtige Rolle spielen werden, haben ihr noch mehr hinterlassen: »Meine Eltern hatten viele Fehler – sehr viele –, sie waren jedoch beide überaus mutig und stark, und beide Eigenschaften hatten sie mir vererbt. Das Unbekannte und das Risiko haben mich schon immer fasziniert. Wenn es darum geht, etwas Riskantes zu tun, denke ich nicht nach. Ich tue es einfach. Was nicht bedeutet, dass ich furchtlos bin … Aber was meine Arbeit angeht, kenne ich keine Vorsicht.«

Ihr unbedingter Drang zum Risiko, ihre Kompromisslosigkeit, das Ausloten von Extremen, wird ihre Kunst prägen. Es wird ihr Markenzeichen. Und so erregte denn auch ihre erste Performance, aufgeführt auf dem Edinburgh Festival, zu dem sie im Sommer 1973 mit einigen Kommilitonen eingeladen worden war, enormes Aufsehen: »Rhythm 10«, basierend auf einem Trinkspiel jugoslawischer Bauern. Mit zehn Messern, die sie nacheinander benutzte, stach sie zwischen die ausgestreckten Finger ihrer linken Hand, schneller und schneller. Das Tack-tack-tack des Messers und ihr Stöhnen, wenn sie daneben, also die Hand traf, nahm sie auf Tonband auf, das sie im zweiten Durchgang abspielen ließ. Ein zweites Tonband hielt auch dies fest. Am Ende war das weiße Papier unter ihrer Hand voller Blut, der Raum erfüllt von Stöhnen und dem Hacken der Messer, das nun von zwei Tonbandaufnahmen gleichzeitig zu hören war. Die Zuschauer, darunter der Aktions-

736 Stunden im MoMA: »The Artist Is present« wird Marina Abramović' wichtigste Performance

künstler und Kunstprofessor Joseph Beuys, waren begeistert. »Als ich den frenetischen Applaus des Publikums hörte, wusste ich, dass es mir gelungen war, eine unvorhergesehene Einheit von Gegenwart und Vergangenheit herzustellen, mit zufälligen Abweichungen. Ich hatte die totale Freiheit erfahren – ich hatte gespürt, dass mein Körper grenzenlos war; dass Schmerz keine Rolle spielte, dass überhaupt nichts eine Rolle spielte – und es war berauschend. Ich war wie besoffen von der überwältigenden Energie, die ich aufgenommen hatte. In dem Augenblick wusste ich, dass ich mein Medium gefunden hatte. Kein Gemälde, kein Objekt, das ich erschuf, würde mir jemals dieses Gefühl geben können.«

Eine Idee durch ihren eigenen Körper auszudrücken, eine intensive Interaktion zwischen Künstler und Publikum – es wird ihr Lebensinhalt. Mit gefährlichen Momenten. Die Performance »Rhythm 0« etwa, die sie 1974 in Neapel antritt und die zeigen wird, wie schnell der Mensch zur Bestie werden kann, wenn man es ihm erlaubt. Sechs Stunden lang stellt sie sich, ungeschützt und teilnahmslos, in einer Galerie dem Publikum zur Verfügung und bietet 72 Gegenstände, von einer Polaroidkamera über Zucker, Lippenstift, Rose bis zu Hammer, Säge, Axt und sogar einer geladenen Pistole, an, über die jeder im Publikum verfügen und sie gegen sie einsetzen darf. Nach drei Stunden, in denen die Gäste sie eher beobachten und um sie herumschleichen, schneidet ein Mann ihr das T-Shirt vom Leib – und es geht los: Sie wird mit Nadeln gestochen, mit dem Messer geritzt, mit Wasser übergossen, herumgetragen, ein Mann legt die Pistole auf sie an. Andere halten ihn zurück, es gibt Tumulte, einige Menschen sind wie in Trance. Nach sechs Stunden beendet der Galerist wie vorgesehen die Performance. »Ich sah furchtbar aus, halbnackt und blutig. Meine Haare waren nass. Dann passierte etwas Seltsames: Die Leute, die noch in der Galerie waren, bekamen Angst vor mir. Als ich auf sie zuging, flüchteten sie nach draußen.« Am nächsten Morgen, beim Blick in den Spiegel, »begriff ich, dass das Publikum einen töten kann«.

Am Morgen nach einem Auftritt begriff sie, »dass das Publikum einen töten kann«.

Ein gutes Jahr später wird sie sich in den Künstler Frank Uwe Laysiepen, der sich Ulay nannte, verlieben und, wie sie meint, das Glück bis zum Ende ihrer Tage finden. Eine Studentenehe war früh wieder zu Ende gegangen, doch in Ulay fand sie »alles, wovon ich je geträumt hatte«. Die nächsten Jahre lebten und arbeiteten sie gemeinsam, schufen immer wieder neue spektakuläre Performances, wie »Relation in Space«, die sie 1976 auf der Biennale in Venedig aufführten, oder »Imponderabilia« auf der Internationalen Performance-Woche in Bologna 1977. Dafür stellten sie sich nackt links und rechts in den Türeingang des Museums, jeder der hinein- oder hinauswollte, musste sich eng zwischen ihnen durchquetschen. Eine Performance, die bei jedem Besucher andere Empfindungen hervorruft – was die einen geniert oder peinigt, amüsiert oder erregt die anderen. Mehr als 30 Jahre später wird sie die Idee in die MoMA-Schau wieder mit aufnehmen, re-performed von jungen Künstlern.

Nach der Trennung von Partner Ulay wird sie zur größten Performance-Künstlerin aller Zeiten

Auch das Ende der Beziehung mit ihrer Lebensliebe wird eine Performance. Acht Jahre lang hatten Marina Abramović und Ulay »The Lovers« geplant, sich um die Finanzierung und Genehmigungen bemüht. 1988 war es so weit: Von zwei entgegengesetzten Enden der Chinesischen Mauer liefen sie – jeder 2500 Kilometer – aufeinander zu. Doch statt sich am Ende des Marsches zu vermählen, wie sie es einst geplant hatten, trennten sie sich. Dies sei die dramatischste Zeit ihres Lebens gewesen, berichtet die fast 70-Jährige in der Filmdokumentation. In ihr Tagebuch habe sie damals geschrieben: »Ich bin 40. Ich bin fett, hässlich und unattraktiv.« Sie hatte ihren »geliebten Mann verloren und meine Arbeit. Es gab nichts, nur Leere. Sollte ich einen Neuanfang machen oder in Depression versinken?«.

Heute zählt Marina Abramović zu den bedeutendsten Künstlern weltweit, zur absolut größten Performance-Künstlerin aller Zeiten. Sie hatte Gastprofessuren in Paris, Berlin, Hamburg, sie gründete das Marina Abramović Institute, sie sitzt in Jurys, wie für die Filmfestspiele in Venedig, Regisseur Robert Wilson schrieb ihr eine Oper. Doch selbst eine umschwärmte, glamouröse Kunstfigur, wie sie es geworden war, selbst ein Jahrhundertstar hat sein Idol. »Pina Bausch! Wie sehr ich es bedauere, Pina Bausch nie getroffen zu haben! Sie war die Größte! Ihre Tänzer gehen oder sitzen, rennen im Schnee, sie tanzen im Schlamm, und die Gefühle sind real, weil die Handlung real ist und nicht vorgetäuscht ist wie im Theater. Pina Bausch verstand, dass Emotion durch ein physisches Momentum ausgelöst wird. Eine Revolution.«

Und sie hat geschafft, was sie sich vorgenommen und postuliert hatte: »Ich will, dass Performance als Kunst anerkannt wird. Bevor ich sterbe.« Obendrein hat sie ihre eigene Performance sozusagen dingfest gemacht. Eine Kunstform, die eigentlich während ihrer Entstehung auch schon wieder vergeht, die man nicht mitnehmen, nicht konservieren kann, hat sie zumindest in Teilen zusätzlich zum Objekt gewandelt, auf Video gebannt und in Retrospektiven auch der Nachwelt erhalten. Nach der großen MoMA-Ausstellung, in der sie fünf historische Stücke re-performen ließ und eine neue Performance schuf, plant sie für die nächsten Jahre weitere große Spektakel. The artist is present.

GEBOREN AM 9. FEBRUAR 1947 IN BIGNASCO

CARLA *DEL PONTE*

»Ich fürchte mich schon lange nicht mehr.«

Beharrlich auf der Seite der Opfer von Krieg und Vertreibung – jetzt hofft die Anklägerin auf ein Syrien-Tribunal

Carla Del Ponte – es dürfte wohl kaum jemanden geben, der ihren Namen kennt und ihn nicht zugleich mit großen Emotionen verbindet. Die Kriminellen, die sie jagte, und ihre Widersacher, die sie fürchteten, schimpften sie »la puttana«, die Hure, oder »Carlita, le peste«, die Pest. Als die Mutige, die Unerbittliche, feiern sie ihre Bewunderer, weil sie es sich zur Aufgabe gemacht hat, die schlimmsten Verbrechen unserer Zeit, Völkermord und Kriegsgräuel, aufzuklären und die Täter zur Rechenschaft zu ziehen. Für die Opfer dieser Verbrechen ist Carla Del Ponte die Person, die alles daransetzte, ihnen eine Stimme und späte Gerechtigkeit zu verschaffen – und ihnen die Würde zurückgab.

Was die Staatsanwältin, oberste Bundesanwältin der Schweiz, Chefanklägerin am Internationalen Gerichtshof für die Kriegsverbrechen in Jugoslawien und Ruanda, Kommissarin der Vereinten Nationen zur Verfolgung von Menschenrechtsverletzungen im Syrien-Krieg dafür in Kauf nahm, war ein Leben in ständiger Bedrohung, mit Bodyguards, hinter Panzerglas. Sie entging einem Sprengstoffanschlag, ein Hubschrauber, in dem sie saß, wurde beschossen, so mancher ihrer Gegner zischte ihr die Todesdrohung mitten ins Gesicht. Eine Zeitung schrieb: »Niemand hat einen gefährlicheren Job.« Gewankt hat sie nur einmal, damals, als der italienische Richter Giovanni Falcone, ein enger Freund und Mitstreiter, bei einem Attentat mit einer 500-Kilo-Bombe getötet wurde. Zwei Tage später habe ihr Telefon geläutet. »Diesmal hörte ich eine sanfte Stimme: ›Sie haben gesehen, was mit ihrem Freund passiert ist.‹ Dann wurde aufgelegt. Die Botschaft war klar.« Sie machte weiter.

Carla, die Jägerin. Eine der Anekdoten aus ihrem Buch »Im Namen der Anklage« wird auch in Interviews und Talkshows immer wieder gerne erwähnt: Neun Jahre alt, hat sie mit ihren drei Brüdern ein einträgliches Geschäftsmodell entwickelt. Weil ein Labor in Locarno Giftschlangen zur Herstellung von Seren ankauft, gehen die vier mit ihrem Hund in den Bergen auf die Jagd. Die erbeuteten Vipern landen in Schuhkartons, die Carla einmal pro Woche, wenn sie zur Klavierstunde in die Stadt fährt, heimlich mitnimmt und abliefert. Pro Schlange gibt es 50 Franken. Erst als ein Zugschaffner sie erwischt, ist Schluss mit dem gefährlichen Business.

Es ist eine heitere Kindheit im Südschweizer Kanton Tessin, die die spätere Kriegsverbrecher-Jägerin beschreibt. Im Maggia-Tal führte der Vater ein kleines Hotel und das Krankenhaus, die Mutter, selbst ein Freigeist, ließ die Kinder am lockeren Zügel. Nur die drei Jungs machen Carla gelegentlich zu schaffen. »Bei meinen Brüdern musste ich lernen, für meine Rechte zu kämpfen. Ständig riefen sie mir ins Gedächtnis, dass ich ein Mädchen bin, und anfangs wollten sie mich nicht dabeihaben.« Als der Vater ihr das Studium verweigern will – »du wirst heiraten« –, schreibt sie sich trotzdem ein und verbringt eine unbeschwerte Zeit mit ihrem älteren Bruder, der alle Kommilitonen einlädt, für die sie sich interessiert. 1972 dann der Abschluss als Juristin, »mein Lebensweg hätte nicht konventioneller sein können«. Sie heiratet den Sohn des Schweizer Bundespräsidenten, verlässt ihn für einen Wirtschaftsanwalt, gründet mit diesem in Lugano eine Kanzlei, bekommt einen Sohn und spezialisiert sich auf Scheidungsrecht, was sich als lukrativ erweist. »Ich lernte, Sportwagen auf dem Hockenheimring zu fahren, holte mit meinem Porsche 911 SC meine Mutter – und ihre Mutter – in Bignasco ab, und raste in ihrer Begleitung mit 200 Stundenkilometern durch die Landschaft.«

Zumindest das Leben als Scheidungsanwältin wurde ihr bald langweilig; nach wenigen Jahren bewarb sie sich bei der Staatsanwaltschaft, was mehr Spannung versprach. Und dann kam der Tag, als Italiens berühmtester Mafia-Jäger, Richter Falcone, bei der Staatsanwaltschaft Lugano um Amtshilfe bitten sollte. Die älteren Kollegen winkten dankend ab, schließlich bedeutete es, so Carla Del Ponte rückblickend, »sich mit den Banken und der sizilianischen Mafia anzulegen, was im einen Fall ihre Karriere und im anderen ihr Leben kosten konnte«. Sie selbst war sofort elektrisiert. Das war 1981, und von nun an lernte sie alles, was sie für ihre Aufgaben im Auftrag der Weltgemeinschaft später noch brauchen sollte. Der Richter wurde ihr Vorbild, und »ich war stolz darauf, dass mich Falcone in einem Zeitungsinterview als die ›Hartnäckigkeit in Person‹ bezeichnete.«

»Man hat mich behandelt wie eine Vaterlandsverräterin.«

Doch schon damals bezahlte sie ihren Preis. Sie erkennt, dass ihr Mann offenbar zu jenen gehört, »denen der Gedanke, nach Hause zu kommen und keine dampfende Pasta auf dem Tisch zu finden, weil ihre Frau noch länger arbeitet als sie, ein Gräuel ist«. Die Ehe wird geschieden, wenig später gibt sie ihren Jungen zur Mutter, um ihm eine normalere Kindheit zu ermöglichen, als sie es bieten kann. Sie sieht ihn am Wochenende und erklärt später, inzwischen zweifache Großmutter: »Aus meiner Erfahrung weiß ich: Man kann nicht Karriere machen und eine gute Mutter sein.«

Doch das andere Leben dient auch dem Schutz ihres Sohnes, der irgendwann erklären wird, seine Mutter habe immer getan, was »gerecht und richtig war, auch wenn damit große Gefahren verbunden waren«. Noch als über 70-Jährige lehnt Carla Del Ponte, sonst der Presse durchaus zugetan, Homestorys ab, veröffentlichte Fotos ihrer Enkel gibt es nicht, auch die Namen sind geheim. Die Sorge um die Familie, die Angst vor später Rache verliert sich nicht. Ihr eigenes Leben betrachtet sie nüchtern: »Ich fürchte mich schon lange nicht mehr, ... ich bin sehr fatalistisch. Wenn es sein muss, dass ich sterbe, dann ist es halt so weit.«

1994 wird sie zur Bundesanwältin, der obersten Anklägerin der Schweiz berufen, sie ermittelt wegen Geldwäsche und Korruption und gegen Steuerhinterzieher, womit sie sich im Land des großen Bankgeheimnisses keine Freunde macht: »Man hat mich behandelt wie eine Vaterlandsverräterin.« Fünf Jahre später trägt man ihr den Posten der Chefanklägerin am Internationalen Strafgerichtshof für das ehemalige Jugoslawien und auch für Ruanda an. Das bedeutet: die akribische Aufarbeitung von Kriegsverbrechen, Massakern, Erschießungen, systematischen Vergewaltigungen, Völkermord. Sie steht an Massengräbern, in Leichenhallen, vor den Tätern, Massenmördern, die sich bis zum Schluss im Recht sehen, und sie blickt den traumatisierten Opfern ins Gesicht. Nachdem sie erlebt hat, wie Verteidiger gefolterte Frauen durch demütigende Befragungen weiter quälen, setzt sie durch, dass Vergewaltigungen als Kriegsverbrechen geahndet werden. Ein wichtiger Schritt. »Die Kreuzverhöre waren eine Tortur für die armen Opfer … Heute beschützen die Richter die Zeugen, und es gibt einen vollamtlichen Psychologen für die Opfer nach der Verhandlung.«

In den folgenden Jahren erreicht sie Beachtliches. »Der Weg war oft steinig und frustrierend, doch am Ende brachten wir die Täter vor Gericht. 161 Personen im Tribunal zum früheren Jugoslawien, 92 Personen im Fall von Ruanda.« 2001 wird endlich auch der einstige Präsident Serbiens, Slobodan Milošević, verhaftet und nach Den Haag ausgeliefert; Carla Del Pontes Anklage wegen Verbrechen gegen die Menschlichkeit umfasst 66 Punkte. Doch dann stirbt der prominente Angeklagte noch während des Tribunals. Niemals werde sie diesen Tag vergessen: »Ich war wütend. Wegen der Opfer – mir kamen sofort die Mütter von Srebrenica in den Sinn, wie sie seit Jahren Gerechtigkeit forderten.« Ein Prozess ohne Urteil, ohne Abschluss, »da hatte ich schon einige Probleme mit meinem Gott«.

Nach acht langen Jahren ging schließlich ihr Mandat zu Ende. Da die Schweiz sie an den Strafgerichtshof nur abgestellt hatte und nach wie vor ihr Arbeitgeber war, schlug man ihr eine Rückkehr zur Bundesanwaltschaft vor. Del Ponte lehnte ab, »man geht nie zurück, man geht immer vorwärts«, und bekam stattdessen die Botschafterstelle in Argentinien. Anfang 2011 dann die Pensionierung, sie kehrte ins Tessin zurück und fühlte sich als Rentnerin, die von nun an ihr Handicap im Golf verbessern würde. Einen Monat später brach der Bürgerkrieg in Syrien aus.

Noch im selben Jahr beschlossen die Vereinten Nationen, Menschenrechtsverletzungen im Kriegsgebiet zumindest zu untersuchen, und baten die erprobte Ermittlerin Carla Del Ponte ins Team der Kommissare. Wieder stand sie vor Gräbern, sprach mit Opfern, erlebte die Grauen des Krieges. Und dann musste die Frau, die dachte, sie hätte alles gesehen, was Menschen anderen Menschen antun können, lernen, dass es auch in der Hölle immer noch eine Steigerung gibt:

»Ich habe noch nie so viel Grausamkeit gesehen.«

Als sie für Syriens Kriegsopfer nichts ausrichten kann, tritt sie zurück und schreibt eine aufrüttelnde Anklage

Doch was sie nach und nach ebenfalls lernte, war nicht minder schockierend – denn offenbar war nicht daran gedacht, die Schuldigen dieser Grausamkeiten vor ein internationales Gericht zu bringen, Anklage zu erheben, den Opfern Gerechtigkeit zu geben. Russland blockierte mit seinem Veto jede Abstimmung im Sicherheitsrat der Vereinten Nationen, und die Weltgemeinschaft hielt still. 2017 trat Carla Del Ponte, frustriert und entnervt, zurück, der Krieg ging weiter, doch Prozesse wurden immer unwahrscheinlicher. Denn, wie die einstige Chefanklägerin in ihrer Abrechnung »Im Namen der Opfer« schreibt: »Justiz ist nicht möglich, wenn der politische Wille fehlt.«

Sie demissionierte auf ihre Art, mit dem größtmöglichen Spektakel, »ich hatte vor, einen Höllenlärm zu machen«. Es war das Einzige, was sie für die geschundenen Menschen, die Kriegsopfer, die Flüchtlinge noch tun konnte, um ihnen Gehör zu verschaffen. Sie schreibt ihr aufrüttelndes Buch, gibt Interviews, hält Reden, auch an Universitäten, wo sie künftige Juristen in Internationalem Strafrecht unterrichtet. Sie klagt die Schwäche der Weltpolitik an: »Die UNO hat total versagt!« Man ziehe sich auf die Rolle als »unbeteiligter Zuschauer des Massakers« zurück. Del Ponte bleibt im Fokus und wird dafür ausgezeichnet. Bei einer Preisverleihung im Herbst 2019 würdigt der Laudator ihre unmissverständliche Botschaft, die sie weitertrage: »Gerechtigkeit ist Wahrheit, und ohne Wahrheit gibt es keinen Frieden. Gerechtigkeit zu üben bedeutet vor allem, nach der Wahrheit zu suchen«. Ihr Preisgeld gibt sie an eine kleine Schule, die sie im syrischen Grenzgebiet mitbegründet hat.

Doch bei aller Wut bleibt die Hoffnung, dass auch Syriens Machthaber Baschar al-Assad zur Rechenschaft gezogen wird: »Ich erwarte sehnlich den Tag, an dem Assads Haftbefehl ausgestellt wird.« Ob sie wieder antreten würde, sollte doch noch ein Syrien-Sondertribunal errichtet werden, wurde sie in einem Interview gefragt. Ihre Antwort hat nicht überrascht: »Aber selbstverständlich. Für die Arbeit als Anklägerin bin ich noch nicht zu alt.«

GEBOREN AM 22. JANUAR 1948 IN BERLIN

MARIANNE *BIRTHLER*

»Erinnern statt verdrängen. Aufklären statt beschönigen. Reden statt schweigen.«

Ein deutsch-deutsches Politikerleben für Revolution und Aufklärung – aufrecht, integer, mutig

Dass sie ihren eigenen Kopf hat und keine Scheu, anders zu denken, anders zu reden, anders zu handeln, zeigte sie zum ersten Mal als Schülerin. In einer Art Tribunal vor der gesamten Klasse hatte der Schuldirektor die 15-Jährige aufgefordert, entweder aus der FDJ oder aus der Jungen Gemeinde der evangelischen Kirche auszutreten, da beides nicht miteinander vereinbar sei. Was wohl keiner erwartet hatte: Trotz drohender Nachteile entschied sie sich gegen die FDJ, die staatliche Jugendorganisation der DDR. Und sie blieb dabei, selbst als der Rektor sein Ultimatum zurücknahm. Und das war nur der Anfang eines Lebensweges, der von Eigenständigkeit, Haltung und auch Furchtlosigkeit geprägt sein würde, des Lebensweges einer Frau, die auch heute noch einen geraden Weg geht. Oder, wie ein halbes Jahrhundert später ein Journalist über Marianne Birthler schreibt: »Es gab durchaus Möglichkeiten für ein richtiges Leben im falschen, wenn man den Mut dazu hatte. Ihres ist ein Beispiel dafür.«

Die Berlinerin gilt als Beispiel für so einiges – Revolutionärin, Aufklärerin, Politikerin, Gründerin, organisationsfreudige Pragmatikerin und kühne Visionärin. Unvergessen ihr Ausstieg als Ministerin in Brandenburg, weil sie den Behauptungen des damaligen Ministerpräsidenten Manfred Stolpe nicht glauben konnte, seine einstigen Stasi-Kontakte hätten allein dem Wohl anderer Menschen gedient. Ohne zu wissen, wie es danach beruflich weitergehen würde, zog sie im Oktober 1992 ihre Konsequenz: »Wenn ich Stolpe gegenüber nicht loyal sein konnte, blieb mir nur der Rücktritt.«

Es war ihre Mutter, die die ersten Weichen gestellt hatte. Im Andenken an den früh verstorbenen Ehemann, der aus einem frommen Elternhaus stammte, hatte sie ihre Tochter zum Konfirmandenunterricht gedrängt. Was sie nicht beabsichtigt hatte: Neue Freundschaften, Gitarrenunterricht, Chor sorgten dafür, dass die Kirche für Marianne bald wie ein zweites Zuhause wurde. Dort gab es Lektüre, wie sie die Schule nicht vorsah: Martin Luther King, Hermann Hesse, Wolf Biermann, Anne Frank – und man traf auf Menschen, die die Verhältnisse hinterfragten oder gar mit dem Staat in Konflikt geraten waren. Für den Teenager eine neue und inspirierende Atmosphäre. Sie sei damals ein ernsthaft dreinblickendes Mädchen gewesen, erinnert sich Marianne Birthler, »das sich der Probleme der Welt bewusst« war und »zu ihrer Lösung beitragen« wollte. Wie später die eigenen drei Töchter lernten sie und ihre ältere Schwester früh, dass es mehr als eine Wahrheit geben könnte; gegen die staatliche Propaganda verordnete die Mutter Westfernsehen. »Wurden Bundestagsdebatten übertragen, hieß es: ›Setzt euch, Kinder, und seht euch das an – das ist Demokratie.‹«

Gegen die staatliche Propaganda der DDR verordnete die Mutter Westfernsehen

Diktatur, Mauerbau, Schießbefehl, Stasi-Spitzel, Zensur – der Staat tat das Seine, um die Menschen zweifeln, sehr oft auch verzweifeln zu lassen. Als ein Freund der 15-Jährigen erklärt, was »Staatssicherheit« bedeutet und was eine Hausdurchsuchung ist, ist sie so erschrocken, dass sie ihre Tagebücher verbrennt. Doch mit dem Alter wächst der Mut. Als Ehemann Wolfgang Birthler, ein angehender Tierarzt, den sie mit 20 Jahren heiratet, den Grundwehrdienst an der Waffe verweigert und als sogenannter Bausoldat im Norden des Landes seinen Dienst mit dem Spaten verrichten muss, stärkt sie ihm moralisch den Rücken – und versorgt, 1974 zum dritten Mal schwanger, die beiden älteren Töchter überwiegend allein.

Was den Beruf betrifft, muss sie ihren Weg erst finden. Nach einer Ausbildung zur Fachverkäuferin Foto/Optik/Uhren/Schmuck im Rahmen der Oberschulzeit wurde sie im staatlichen Exportgeschäft angestellt und studierte im Fernstudium Außenwirtschaft. Wegen der Kollegen trat sie vorübergehend wieder in die FDJ ein. Richtig angefühlt hat sich dieses Leben nicht. Mit 28 Jahren wagt sie einen Neuanfang und schreibt sich in einer kirchlichen Einrichtung zum Fernunterricht ein. Mit klaren Erwartungen: »Ich würde mich mit den Themen beschäftigen können, die mich interessierten, vergleichsweise selbstbestimmt arbeiten und vor allem nicht mehr mit den täglichen Zumutungen des sozialistischen Arbeitsalltags behelligt werden ... den sozialistischen Wettbewerb, mit Politinformationen, Brigadetagebüchern und den verlogenen Versammlungen.«

Vier Jahre später ist sie Katechetin und Gemeindehelferin, doch ohne feste Arbeit. In Berkholz bei Schwedt, wo die Familie inzwischen lebt, organisiert sie Veranstaltungen und engagiert sich im Gemeindekirchenrat. Als sie im Mai 1980 auf ein ökumenisches Seminar in die Niederlande eingeladen wird, kann sie es nicht fassen, lässt die DDR doch eigentlich nur Rentner ausreisen. Aber dass eine verheiratete Frau, Mutter von drei kleinen Kindern, im Westen bleiben könnte, war unwahrscheinlich, also erhielt sie die Genehmigung. Bei der Rückfahrt macht sie einen heimlichen Abstecher nach West-Berlin, den sie nie vergessen wird. »Als ich plötzlich auf dem Hardenbergplatz stand, heulte ich hemmungslos.«

Anfang der Achtzigerjahre zerbricht die Ehe, zwei Töchter bleiben vorerst beim Vater, die mittlere kommt mit der Mutter nach Berlin, wo diese in der evangelischen Kirche am Prenzlauer Berg eine Stelle findet. Ihre Hauptaufgabe wird die Christenlehre, kirchlicher Ersatz für Religionsunterricht, den es in der DDR seit den Fünfzigerjahren nicht mehr gab.

Über die Arbeit in der Kirche findet sie den Weg in die Politik

Die Bibellehre ergänzt die neue Gemeindehelferin mit Rollenspielen und Liedern, deren aufmüpfige Texte sie gelegentlich aus der antiautoritären Bewegung des Westens entleiht. Ein Lieblingslied der Kinder: »Trau dich, trau dich, auch wenn du erst fünfe bist. Trau dich, trau dich, auch Große machen Mist. Glaub nicht alles, was du hörst, wenn du sie mit Fragen störst.« Für Ältere werden Gesprächskreise angeboten, zu Themen wie Pädagogik, Ökologie, Frieden. Damals sei die Kirche eine Art »Ersatzöffentlichkeit« gewesen, so Marianne Birthler. »Viele Diskussionen konnten öffentlich gar nicht geführt werden … Kirche war ein Raum, wo vieles geschah, was anderswo nicht geschehen durfte.«

1986 gehört sie zu den Gründungsmitgliedern des »Arbeitskreises Solidarische Kirche«, der sich als Teil der Bürgerrechtsbewegung versteht und in seinen Statuten festschreibt: »Die Menschenrechte sind unteilbar. Wir suchen einen öffentlichen Dialog mit allen gesellschaftlichen Kräften, um die Durchsetzung der Menschenrechte nah und fern zu fördern.« Spätestens ab jetzt hat die Stasi Marianne Birthler im Blick. In den Unterlagen der Staatssicherheit ist von ihr die Rede, die Akte selbst wurde Ende 1989 vernichtet.

Anfang des Jahrzehnts waren diverse Gruppen entstanden, die sich der Opposition verschrieben hatten: »Frauen für den Frieden« oder »Initiative Frieden und Menschenrechte«. Doch deren Mitglieder hatten ihr Engagement oft teuer zu bezahlen: Berufsverbote, Überwachung, Verfolgung. Allerdings behielt die Staatsmacht nicht immer das letzte Wort. So hatte die Obrigkeit 1982 zwar die Aufnäher der Friedensbewegung mit der Aufschrift »Schwerter zu Pflugscharen« verboten, die sich vor allem Jugendliche auf ihre Jacken genäht hatten. Nur die nutzten das Verbot nun auf ihre Weise und rissen das Friedenssymbol entweder ab oder schnitten es gleich aus der Jacke. Zurück blieben ein Fleck, ein Loch – wie eine Anklage und für jedermann sichtbar. Ermutigt von der Solidarność-Bewegung in Polen, von Glasnost und Perestroika in der Sowjetunion wagten die Menschen immer öfter Widerstand. Und sie schlossen sich zusammen. Dann kam der Herbst 1989.

Seit dem 4. September 1989 fanden in Leipzig die Montagsdemos statt, der Ruf »Wir sind das Volk« wurde unüberhörbar und pflanzte sich fort. Binnen kurzer Zeit gründeten sich politische Bewegungen: »Neues Forum«, »Demokratischer Aufbruch«, »Vereinigte Linke«. Ständig wurden neue Aktionen geplant, die sich über ein Kontakttelefon, das Marianne Birthler und einige ihrer Freunde eingerichtet hatten, vernetzten. Am 4. November folgte schließlich die große Kundgebung auf dem Berliner Alexanderplatz – mit bis zu einer Million Menschen. 25 Redner hatten die Organisatoren der Ost-Berliner Theater eingeladen, darunter Prominente wie Heiner Müller, Christa Wolf, Stefan Heym. Auch Marianne Birthler war dabei, ihre Rede, von 11.55 bis 12.06 Uhr, beginnt sie mit den Worten: »Wir sind hier, weil wir Hoffnung haben. Auf diesem Platz ist hunderttausendfache Hoffnung versammelt.« Dann erinnert sie an die gejagten, geschlagenen, gedemütigten Menschen, die von der Polizei in den letzten Wochen bei Demonstrationen festgenommen wurden. Und fordert: »Wir müssen über die Fragen der Macht nachdenken und darüber, wie Macht kontrolliert werden kann.«

Lange nach Abschluss der Kundgebung, als die Kehrmaschinen schon über den Platz fegten, saß sie mit ihrem Freund, dem Bürgerrechtler Werner Fischer, noch in einem Bushäuschen und starrte auf den leeren Alex. Sie sind sich einig: »Hast du die Gesichter der Menschen gesehen? Das waren die Gesichter von Menschen, die ihre Angst hinter sich gelassen haben. Diese Leute wollen nicht mehr zurück, sie haben ihre Kraft gespürt, verlangen nach mehr.« Fünf Tage später fiel die Mauer, die Revolution hatte gewonnen und die DDR war schon fast Geschichte.

Was folgte, erlebte nicht nur Marianne Birthler wie im Zeitraffer. Im Verlauf eines einzigen Jahres saß sie für ihre Partei Bündnis 90 / Die Grünen in gleich drei Parlamenten: 1989 zuerst in der Volkskammer, dann im ersten gesamtdeutschen Bundestag, ab Oktober 1990 im Landtag von Brandenburg, wo sie das Ministerium Bildung, Ju-

Marianne Birthler spricht anlässlich der 30-Jahr-Feier zum Mauerfall am Brandenburger Tor

gend, Sport übernahm und sich daran machte, den autoritären Geist, wie ihn Margot Honecker den Schulen jahrzehntelang eingeimpft hatte, zu vertreiben – und wo sie zwei Jahre später aus Protest gegen Ministerpräsident Manfred Stolpe wieder austrat.

Ein paar Monate danach, im Mai 1993, wählte die Partei sie gemeinsam mit dem Westdeutschen Ludger Volmer zur Sprecherin von Bündnis 90 / Die Grünen. Es wird keine glückliche Zeit. Die Macht- und Grabenkämpfe der Kollegen aus dem Westen versteht sie nicht, sie erträgt sie kaum. So wenig wie die Rolle, in die man sie zwingen möchte. Ludger Volmer, so beschreibt sie ihren Eindruck, »wurde als Bundessprecher angesehen, ich als eine Art Ost-Beauftragte«. Wenn sie sich erdreistete, gelegentlich zu West-Themen öffentlich Stellung zu nehmen, »schauten mich die Journalisten an, als würde ich in einer fremden Wohnung die Schränke verschieben: Was versteht die denn davon?« Sie kandidierte kein zweites Mal, machte aber weiter Politik für ihre Partei – und startete mit 47 Jahren eine neue Ausbildung als Organisationsberaterin.

Bitterkeit nach der Wende: »Wir im Osten haben immer auf den Westen geschaut, aber sie haben uns nicht gesehen.«

Doch dann nimmt ihr Leben noch einmal eine unerwartete Wendung. Die Bundesregierung trägt ihr den Posten der Bundesbeauftragten für die Stasi-Unterlagen an, am 29. September 2000 wird Marianne Birthler mit großer Mehrheit vom Bundestag zur Nachfolgerin von Joachim Gauck gewählt. Sie ist nun Chefin einer Behörde mit 2600 Mitarbeitern, die in Berlin und einigen Außenstellen daran arbeiten, die Archive der Stasi zu sichten, zu sortieren, zu analysieren und sie den Betroffenen zugänglich zu machen. Diese hatten sich ihr Recht – »Freiheit für meine Akte!« – erst erkämpfen müssen. Hatte die Stasi noch versucht, nach der Revolution möglichst viele brisante Dokumente zu vernichten, so herrschte später oft die Meinung, es sei besser, einen Schlussstrich ziehen. Marianne Birthler plädiert für Offenheit, ihr Credo ist: »Erinnern statt verdrängen. Aufklären statt beschönigen. Reden statt schweigen.«

Wie nur wenige wird sie in den nächsten zehn Jahren durch die schriftlichen Akten, Ton- und Filmaufnahmen sowohl die Opfer als auch die Täter des Unrechtsstaates kennenlernen. Aber es finden sich in den Archiven nicht nur die Zeugnisse von Verrat und Niedertracht. Denn, was sie immer wieder betonen wird: Viele Menschen hatten sich eben nicht einschüchtern lassen und den Spitzel-Dienst verweigert. Jetzt liest und hört Birthler die »Geschichten, wie Menschen trotz dieser Gewalt, trotz dieser Bevormundung, dem Unrecht getrotzt haben, grade geblieben sind«.

Nach einer zweiten Amtszeit muss sie die weitere Aufklärung an ihren Nachfolger übergeben. Marianne Birthler zieht sich zurück und sie zieht Bilanz, 2014 erscheinen ihre Erinnerungen, »Halbes Land Ganzes Land Ganzes Leben«. Noch immer, so berichtet sie, mache ihr Herz einen freudigen Hüpfer, wenn sie in Berlin eine Stelle passiere, wo einmal die Mauer stand. Doch neben dem Glück, die Freiheit erkämpft, eine unblutige Revolution geschafft zu haben, bleibt auch Bitterkeit. Wie viele ihrer Weggefährten hatte sie sich einen anderen Weg gewünscht, »eine Vereinigung auf Augenhöhe« erhofft. In einem kleinen Satz, eigentlich an die neuen politischen Freunde im Westen gerichtet, bringt sie alles zum Ausdruck, was Deutschland 30 Jahre nach dem Mauerfall noch trennt und so viele immer noch bedrückt: »Wir im Osten haben immer auf den Westen geschaut, aber sie haben uns nicht gesehen.«

Noch einmal soll sie Joachim Gauck nachfolgen. 2016 möchte Angela Merkel sie als Bundespräsidentin nominieren, doch Marianne Birthler sagt ab. Als Zeitzeugin, als leidenschaftliche Politikerin, ohne Amt, dafür mit feinem Instinkt, der das Unrecht wittert, bleibt sie prominent und wichtig. Wie am 9. November 2019, als die 71-Jährige zum 30. Jahrestag des Mauerfalls am Brandenburger Tor spricht und an die »kaputt gemachten Leben« der DDR-Herrschaft erinnert und viele von ihnen noch einmal beim Namen nennt. Doch dann blickt sie nach vorn, sie schlägt den Bogen von damals zu heute, ihre Rede wird auch eine Mahnung gegen Hetze und neue Unterdrückung: »Nur diejenigen haben das moralische Recht sich auf die Revolution vom Herbst 1989 zu berufen, die auch heute für Offenheit und Freiheit eintreten. Wer dagegen seinem Hass freien Lauf lässt und das Leben anderer mit Worten und Taten bedroht, ist nicht besser als die Stasi, die Menschenleben zersetzte und zerstörte.«

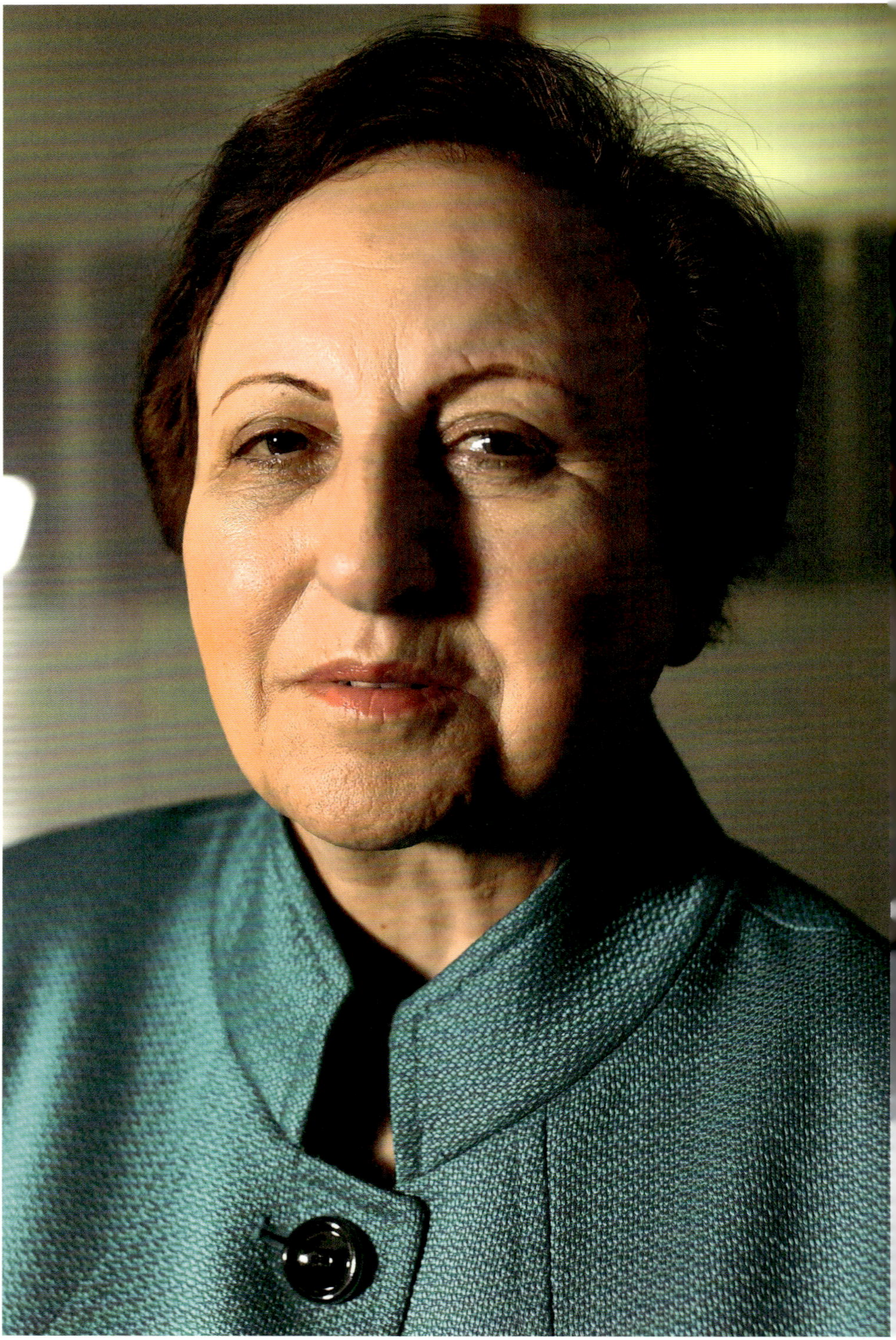

SHIRIN *EBADI*

»Meine heilige Wut gibt mir Energie.«

Als die Juristin befürchten musste, die Obrigkeit könnte sie mundtot machen, kehrte sie dem Iran den Rücken – und verlor ihre Heimat. Sie behielt ihren Mut und ihren Kampf für Freiheit und Demokratie

Sie stand schon in der Schlange, bereit, in wenigen Minuten wieder in Richtung Heimat abzufliegen, vor ihr leuchtete die Anzeigentafel mit dem Zielort Teheran. – Was aber würde sie erwarten? Gerade war ein neuer Präsident gewählt worden, der die politische Lage noch verschärfte. Würde man sie gleich bei der Ankunft festnehmen? Gefängnis? Hausarrest? Im letzten Moment scherte Shirin Ebadi aus der Reihe der Wartenden aus und kehrte um.

Es war im Jahr 2009, dass sich die Friedensnobelpreisträgerin entschied, ins Exil zu gehen, um vom Ausland aus für die Menschenrechte in ihrem Land zu kämpfen. Zu groß war die Angst geworden, man könnte sie endgültig mundtot machen. Und so hatte sie innerhalb von Sekunden entschieden: »Ich war nützlicher außerhalb des Irans.« Doch auch wenn sie ihr Leben damals auf irgendeinem Flughafen abrupt in völlig neue Bahnen lenkte, war sie gleichzeitig absolut sicher: »Ich werde nicht von dem Weg abweichen, den ich eingeschlagen habe.« Es ist ein mutiger Weg, den nicht viele gegangen wären. Denn was hatte sie seit der Islamischen Revolution, die den Iran im Jahr 1979 von einem fortschrittsgläubigen, dem Westen zugewandten Land in einen Scharia-gläubigen Gottesstaat verwandelt hatte, nicht alles auf sich genommen, ja sogar erleiden müssen.

Zehn Jahre vor der Revolution galt Shirin Ebadi noch als Vorzeigefrau des Staates und war zur ersten weiblichen Richterin des Landes ernannt worden. Die Zeit, dass auch Frauen diesen Beruf ergreifen durften, war gerade erst angebrochen. Seit den Dreißigerjahren hatte die Herrscherfamilie Pahlevi Persien nach und nach geöffnet und dabei den Frauen mehr und mehr Rechte eingeräumt. Bereits 1936 war das öffentliche Tragen des Schleiers verboten worden, eine Anordnung, welche die Geistlichen zum Schäumen brachte.

Aufgewachsen in einem liberalen Haus, Tochter eines Richters, hatte Shirin eine Kindheit mit vielen Freiheiten genossen. Die Eltern, so erinnert sie sich später, hätten sie »auch den Feminismus gelehrt, indem sie keinen Unterschied machten zwischen meinem Bruder und den drei Mädchen der Familie. Es war von großer Bedeutung, dass wir alle eine gute Ausbildung erfuhren«. Was folgte, war eine schnelle, beispiellose Karriere. Bereits mit 28 Jahren schaffte sie es ganz nach oben und übernahm einen Senatsvorsitz im Teheraner Stadtgericht.

Die Frauen kämpften für die Revolution, doch dann machte man sie zu Menschen zweiter Klasse

Die Phase der Emanzipation war nur von kurzer Dauer. Schon vier Jahre später drehte sich der Wind und sollte von nun an vor allem den Frauen eiskalt ins Gesicht blasen. Eine Wende in der Geschichte, die heute wie ein Hohn erscheint, hatten doch ausgerechnet viele Frauen in der Hoffnung auf mehr Demokratie dabei geholfen, den autoritär regierenden Schah zu stürzen. »Wir hatten zwei Slogans bei der Revolution«, erklärt Shirin Ebadi, »Unabhängigkeit und Freiheit. Uns wurde versprochen, dass diese beiden Ziele in der Islamischen Republik Iran erreicht würden. Beides ist am Ende nicht passiert.«

Dass es besonders gegen sie gehen würde, merkten die Frauen – ausgerechnet am Weltfrauentag. Während sie sich zu einer Veranstaltung sammelten, um den Tag gebührend zu feiern, verkündete Revolutionsführer Ayatollah Chomeini, »dass von nun an alle Frauen in den Behörden Kopftuch tragen müssten. Unsere Versammlung wurde dann von Männern mit Schlagstöcken unterbrochen, sie prügelten auf uns ein«.

Es war nur der Anfang von vielen Gesetzen und Regeln, die Frauen zu Menschen zweiter Klasse degradieren sollten. Und die Männer mit den Schlagstöcken sind noch heute unterwegs, wenn Frauen es wagen, gegen Ungleichheit aufzustehen. So wie gegen Vida Movahed, die im

Shirin Ebadi spricht 2009 während einer Demonstration gegen den Ausgang der Präsidentschaftswahlen im Iran vor dem Europäischen Parlament in Brüssel

Dezember 2017 an der Straße der Revolution aus Protest gegen das Kopftuch-Gebot ihr weißes Tuch mit einem Stock über ihrem Kopf schwenkte. Sie landete für Wochen im Gefängnis und sagte danach kein einziges öffentliches Wort mehr.

Shirin Ebadi, die wie so viele die neue Regierung unterstützt hatte und damals auch folgsam ihr Haar verhüllte, erfuhr noch im Jahr der Machtübernahme, dass sie nicht länger als Richterin arbeiten dürfe. Als Begründung hieß es, »dass Frauen launenhaft, entscheidungsschwach und ungeeignet seien, Recht zu sprechen, was nun die Arbeit von Männern sein würde«. Man wies ihr eine neue Stelle zu, als Sekretärin in dem Gericht, dem sie eben noch vorgesessen hatte.

Mitte der Achtzigerjahre hatte sie genug davon, und nach ein paar Jahren, in denen sie sich um Mann und die beiden Töchter kümmerte, eröffnete sie eine Anwaltskanzlei für Familienrecht. Um sehr schnell festzustellen: Auch hier waren Frauen unerwünscht, und an den Gerichten hatte »derjenige recht, der gewillt war, mehr zu bezahlen. Gerechtigkeit wurde erkauft«. Tief frustriert hängte sie schließlich ein Schild an ihre Bürotür: »Aufgrund der derzeitigen unzumutbaren Verhältnisse bei Gericht werde ich keine Mandate mehr akzeptieren, sondern kann nur noch Rechtsberatung anbieten.« Was nicht mehr als ein wütender Aufschrei sein sollte, hatte weitreichende Folgen, bis heute. Denn es war der Beginn ihrer Karriere als Aktivistin, als Verteidigerin der Menschenrechte.

Weibliche Richter wurden schnell verboten. Begründung: Sie seien zu »launenhaft«.

Von nun an landeten die schier hoffnungslosen Fälle bei ihr, die politisch Verfolgten, diejenigen, die sich keinen Anwalt leisten konnten. Die meisten dieser Fälle bleiben ihr über die Jahrzehnte präsent. Wie die grauenvolle Geschichte der elfjährigen Leila: Das Mädchen war von drei Männern vergewaltigt und getötet worden. Zwar wurden die Mörder gefasst und landeten im Gefängnis, wo sich einer unter ungeklärten Umständen das Leben nahm. Die anderen beiden Verurteilten aber kamen wieder frei. Mit einer bizarren Begründung: Leilas Eltern hätten für die Hinrichtung der Mörder bezahlen sollen, doch ihnen fehlte das Geld dafür. Da die Männer aber zum Tode und nicht zu einer Gefängnisstrafe verurteilt worden waren, ließ das Gericht sie eben wieder laufen. Trotz ihres Einsatzes konnte Shirin Ebadi nichts für die Familie erreichen. Vom Richter allerdings handelte sie sich eine harsche Rüge ein – sie würde »den Islam kritisieren«.

Das Regime, das sich auf die Scharia beruft, hat vor allem die Frauen entrechtet. Shirin Ebadi kann unzählige Beispiele nennen. »Wenn mein Bruder und ich auf der Straße angegriffen werden, ist die Entschädigungszahlung für das Leben meines Bruders doppelt so hoch wie die für meines. Ein Sohn erhält ein doppelt so hohes Erbe wie seine Schwester. In Rechtsangelegenheiten entspricht die Zeugenaussage eines Mannes der von zwei Frauen.« Dass sich die Gesetzgeber auf den Islam berufen, sei nur ein Vorwand. »Es war keine islamische Revolution, sondern eine chauvinistische Revolution.« Während der #MeToo-Debatte twitterte auch Religionsführer Ali Chamene'i ein Statement. »Sein Beitrag war wie immer lächerlich«, empört sich Shirin Ebadi. »Er hat vorgeschlagen, dass sich alle Frauen verschleiern sollten, dann müssten sie auch keine sexuelle Belästigung im Alltag fürchten.«

Männerhorden schrien vor ihrer Tür: »Tod der amerikanischen Söldnerin!«

Ihr Kampf und ihr Widerstand, die Artikel und Interviews, die sie in aller Welt publiziert, ihre Netzwerke, die sie pflegt, waren den neuen Herrschern von Anfang an ein Dorn im Auge. Mehrere Organisationen für Menschenrechte, die sie gegründet oder unterstützt hatte, wurden geschlossen, sie selbst wurde bespitzelt, schikaniert, immer wieder verhört und auch eingesperrt. Man setzte ihr Wanzen ins Telefon, schickte die Religionspolizei, die ihr Büro durchsuchte, und Männerhorden, die vor der Tür schrien: »Tod der amerikanischen Söldnerin! Nieder mit den Feinden der Islamischen Republik! Tod der Verräterin Ebadi!« Eines Abends fand sie einen Zettel an ihrer Haustüre: »Hören Sie auf, im Ausland für Wirbel zu sorgen. Sie umzubringen, wäre für uns ein Leichtes.«

2003: Friedensnobelpreis für ihren mutigen Einsatz für Frauen und Kinder

Im Ausland allerdings wurde ihre Stimme nicht nur gehört, sondern auch sehr bald geschätzt. Man lud Shirin Ebadi, Verfechterin eines demokratischen Iran, Vorbild für Feministinnen, auf Kongresse, zu Vorträgen, man verlieh ihr Preise. 2003 folgte dann die höchste aller Auszeichnungen, der Friedensnobelpreis, den sie als erste muslimische Frau überhaupt erhielt. Man würdige damit besonders ihren Einsatz für Frauen und Kinder, so das Auswahlkomitee. Ihre Dankesrede, die in die ganze Welt übertragen wurde, hielt sie demonstrativ ohne Kopftuch. Wie sie auch Frauen, die mit politischen Delegationen in den Iran reisen, auffordert, das Kopftuch nicht zu tragen. »So würde man den iranischen Frauen, die seit Jahrzehnten dazu gezwungen werden, eines zu tragen, Respekt erweisen.«

Hoffnungen, die religiösen Führer könnten sich durch Nobelpreis und weltweite Anerkennung beeindrucken lassen, erfüllten sich nicht. Im Gegenteil, Drohungen und Schikanen nahmen sogar noch zu. Sechs Jahre später entschied sich die prominenteste Frau des Landes, ins Exil zu gehen und abwechselnd bei ihren Töchtern, die in Großbritannien und den USA studierten, zu leben.

Doch damit war der Fall für die Mullahs nicht erledigt. Zwar reicht ihr langer Arm auch ins Ausland, doch sie hatten längst verstanden, dass sich ihre Erzfeindin nicht einschüchtern ließ. Von nun an hielt man sich an die Familie. Denn der Ehemann, der seinen Pass abgeben musste, und die Geschwister waren im Iran geblieben. Zu deren Schutz und Sicherheit, so das Kalkül der Herrschenden, würde Shirin Ebadi endlich schweigen.

Als die Häscher sie nicht in die Knie zwingen können, stellen sie ihrem Ehemann eine Falle

Zuerst wurde die Schwester Nooshin, eine Zahnärztin, verhaftet und unter einem Vorwand angeklagt. Dass sie nicht im Gefängnis verschwand, war nur einem glücklichen Zufall zu verdanken. Den Ehemann Javad Ebadi, der die Arbeit seiner Frau zwar akzeptiert, sich aber nie daran beteiligt hatte, lockte die Religionspolizei in eine Falle. Nach einem entspannten Abend mit reichlich Alkohol bei vermeintlichen Freunden fiel er auf eine Prostituierte herein – die Häscher warteten schon im Nebenzimmer. Da sowohl der Genuss von Alkohol als auch außerehelicher Geschlechtsverkehr im Iran unter Strafe stehen, wurde er verhaftet. Einkerkerung, Auspeitschen bis aufs Blut, Psychoterror. Nach einer zwanzigminütigen Verhandlung verkündete der Richter das Urteil: Tod durch Steinigen. Am Ende ließ man ihn nur unter der Bedingung frei, wenn er vor einer Kamera erklärte, seine Frau habe »den Nobelpreis nicht verdient. Man hat ihr den Preis verliehen, damit sie am Sturz der Islamischen Republik mitwirken könnte … Ihre Arbeit dient nicht den Iranern, sondern den Interessen ausländischer Imperialisten, die den Iran schwächen sollten«. Einige Wochen später wurde das erpresste Statement in den Hauptnachrichten gesendet. Javad Ebadi musste weiterhin zweimal pro Woche zum Verhör erscheinen, wo man ihn zu den Aktivitäten seiner Frau befragte. Schließlich bat er sie um die Scheidung. Nach einer Trennung, so seine Hoffnung, würde der Terror vielleicht eines Tages ein Ende haben.

Shirin Ebadi, der die Revolutionsführer so vieles genommen haben – die Heimat, ihre Ehe, allen Besitz und sogar die Medaille für den Nobelpreis, die sie konfiszierten –, sagt: »Mein Leben ist zerstört.« Zehn Monate des Jahres ist sie auf Reisen im Kampf für die Menschenrechte. Was sie antreibt? »Ich schaue nach vorn und konzentriere mich auf die Arbeit, die es noch zu tun gibt. Meine heilige Wut gibt mir Energie. Und ich habe große Hoffnung, weil die iranische Gesellschaft sich entwickelt.«

Seit der Erstauflage dieses Buchs im Frühjahr 2020 mussten wir von drei dieser großartigen Frauen Abschied nehmen: Juliette Gréco, Ruth Bader Ginsburg, Laetitia Battaglia sind inzwischen verstorben – doch haben sie diese Welt nicht ganz verlassen. Es bleiben ihre Lieder, ihre Gesetze, ihre Bilder, es bleiben ihr Wissen und ihr Esprit. Und es bleibt ihr Erbe, wie es gelingen kann, ein selbstbestimmtes Leben zu führen, cool, rebellisch, weise.

Die Porträts zu diesen Frauen wollen wir Ihnen auch in dieser neuen Taschenbuchausgabe ans Herz legen – eine Hommage an das Vermächtnis dreier wunderbarer Frauen.

Rita Kohlmaier,
München am 20. Mai 2022

Textnachweise

EINLEITUNG:

»Es gibt nicht die Mutter und nicht das Kind … also auch nicht die Mutterliebe«, Zeit Wissen, 04.11.2016

»The Joy of Being a Woman in Her Seventies«, DailyGood, 27.02.2019

Servan-Schreiber, Perla: Les promesses de l'âge. À 75 ans, ma nouvelle liberté. Flammarion, Paris 2018

Süddeutsche Zeitung, Plan W, 19.07.2018

JULIETTE GRÉCO:

songtexte.com

Gréco, Juliette: So bin ich eben. Erinnerungen einer Unbezähmbaren. C. Bertelsmann, München 2012

»Pariser Kind«, Die Zeit, 07.05.2015

»Ziehen Sie mich aus!«, Die Zeit, 08.11.2007

Cojean, Annick: Was uns stark macht. Aufbau Verlag, Berlin 2019

CHARLOTTE KNOBLOCH:

Knobloch, Charlotte: In Deutschland angekommen. Deutsche Verlags-Anstalt, München 2012

Rede zur Gedenkfeier für die Opfer des Nationalsozialismus im Bayerischen Landtag, 21.01.2019

»Charlotte Knobloch wird nach AfD-Eklat im Landtag bedroht«, Augsburger Allgemeine, 24.1.2019

»Ich sehe mich als Verteidigerin«, Süddeutsche Zeitung, 11.07.2015

»Charlotte Knobloch: ›Salonfähig ist der Antisemitismus lange‹«, Augsburger Allgemeine, 27.01.2019

RUTH BADER GINSBURG:

RBG, Ein Leben für die Gerechtigkeit. Cable News Network, USA, 2018

»Ruth Bader Ginsburg's Unlikely Path to the Supreme Court«, The New Yorker, 01.10.2018

Bader Ginsburg, Ruth: Pocket RBG wisdom. Hardie Grant Books, London 2019

2019 Library of Congress National Book Festival

LETIZIA BATTAGLIA:

Berlinale Radio, 14.2.2019

Longinotto, Kim: Shooting the Mafia, GB, 2019, 97 min.

»Testimony of a Keen Whitness to Sicily's Enduring Sorrow«, The New York Times, 16.12.2001

»Verschwinde, sonst bist du tot«, spiegel.de, 09.02.2011

»Mit Fotos gegen die Cosa Nostra«, zeit.de, 25.09.2019

»Die Chronistin der Mafia«, stern.de, 27.03.2008

»Wenn ich meine Bilder sehe, wird mir übel«, Frankfurter Allgemeine Zeitung, 24.09.2007

JANE FONDA:

»60 Years After Her First Vogue Cover, Jane Fonda on Acting, Activism, and Having No Regrets«, Vogue USA, Mai 2019

Fonda, Jane: Selbstbewusst älter werden. Nymphenburger Verlag, München 2015

janefonda.com

»Jane Fonda: Trump shares parallels with ›rise of Third Reich and Adolf Hitler‹«, The Guardian, 02.11.2018

»Why Jane Fonda doesn't hate Donald Trump«, Politico, 26.09.2018
»Jane Fonda Opens Up About Her Decades-Long Battle With Bulimia«, everyday health.com, 09.08.2011
»Jane Fonda Has Taken Herself Off the Market and Is No Longer Dating«, wmagazine, 09.05.2018

ERIKA PLUHAR:
»Altwerden ohne Disziplin geht nicht«, Deutschlandfunk, 22.03.2019
»Die Romy ist mir seelenverwandt«, Kurier, 29.03.2019
Pluhar, Erika: Die öffentliche Frau. Residenz Verlag, St. Pölten – Salzburg – Wien 2013
Pluhar, Erika: Der Fisch lernt fliegen. Hoffmann und Campe, Hamburg 2000
»Meine Ehemänner waren machtorientierte Menschen«, Die Zeit, 14.02.2013
»Mit dem Wort Glück hab ich wenig am Hut«, Süddeutsche Zeitung, 14.10.2011
ORF2, 11.10.2013
erikapluhar.net
»Dieses Haus ist der Humus meines Lebens«, Der Standard, 24.03.2013
»Schauspielerin, Sängerin, Schriftstellerin: Erika Pluhar wird 80«, MDR Kultur, 28.02.2019
andremuller.com-puter.com
»Alles geht weiter, und ich bin weg?«, November 2016
Willkommen Österreich, 17.04.2019
»Ich bin eine alte Frau«, Der Standard, 28.02.2019

HERLINDE KOELBL:
titel thesen temperamente, ARD, 28.10.2019
euromaxx, DW-TV, 22.11.2010
KunstSpektrum, SFkultur, 30.12.2012
Koelbl, Herlinde, Sack, Manfred: Das deutsche Wohnzimmer. C J Bucher Verlag, München 2000
»Ich kam aus dem Nichts«, Die Zeit, 29.10.2019
Friedewald, Boris: Meisterinnen des Lichts. Prestel Verlag, München 2018
»Bilder haben Macht«, Art Magazin, 2015
»Feindbilder kann man im Katalog bestellen«, spiegel.de, 09.05.2014
Koelbl, Herlinde: Ausstellung »Refugees«, 2017

MARGARET ATWOOD:
»Margaret Atwood: ›For a long time we were moving away from Gilead. Then we started going back towards it‹«, The Guardian, 20.09.2019
»Warnung vor Gilead«, Der Spiegel, 01.06.1987
Verleihung des Friedenspreises des Deutschen Buchhandels, 15.10.2017 goethe.de
»Margaret Atwood, the Prophet of Dystopia«, The New Yorker, 10.04.2017
Atwood, Margaret: Der Report der Magd. Piper Verlag, München 2018
»Was ist das überhaupt: Ein Happy End?«, Süddeutsche Zeitung, 29.11.2019
Hobday, Ruth & Blackwell, Geoff (Hg.): 200 Frauen, Elisabeth Sandmann Verlag, München 2017
»Was steht uns bevor, Ms. Atwood?«, Die Zeit, 18.4.2017
Atwood, Margaret: Die eßbare Frau. Fischer Taschenbuch Verlag, Frankfurt am Main 1990
»Am I a bad Feminist?«, The Globe and Mail, 13.01.2018

»Kröten im Garten der Dichtung«, Der Spiegel, 30.10.2000
»Margaret Atwood's Top 5 Writing Tips«, National Center for Writing, 05.12.2018

TINA TURNER:
Turner, Tina: My Love Story. Penguin Verlag, München 2018
»Tina Turner – Rockqueen. Mutter. Kämpferin«, ZDF-History, Nov. 2019
»Tina Turner, Diese Stimme zersägt Diamanten«, Kölnische Rundschau, 15.01.2009
»Tina Turner is having the Time of her Life«, The New York Times, 09.09.2019

NANCY PELOSI:
Pelosi, Nancy: Know your Power. Anchor Books, New York 2008
»Trump lashes out at Pelosi over prison comment: ›She's a nasty, vindictive, horrible person‹«, cnn.com, 07.06.2019
»Trump pöbelt gegen mächtigste Frau Amerikas«, spiegel.de, 07.06.2019
»Nancy Pelosi: An Extremely Staple Genius«, The New Yorker, 26.09.2019
»Die Frau gegen den mächtigsten Mann der Welt«, Focus, 21.12.2019
»Vor Impeachment Verfahren«, spiegel.de, 18.12.2019
»Nancy Pelosi: The Rolling Stone Interview«, Rolling Stone, 22.02.2019
»Pelosi goads Trump into another temper tantrum«, The Washington Post, 22.05.2019

ANNIE ERNAUX:
»Ich möchte, dass die Worte genauso hart sind wie das Leben«, Süddeutsche Zeitung Magazin, 24.10.2019
Ernaux, Annie: Der Platz. Suhrkamp Verlag, Berlin 2019
Ernaux, Annie: Eine Frau. Suhrkamp Verlag, Berlin 2019
»Annie Ernaux: ›Chaque livre est une chambre où je rencontre les autres‹«, Magazine Littéraire, Nr. 567, Mai 2016
Ernaux, Annie: Die Jahre. Suhrkamp Taschenbuch, Berlin 2019
Ernaux, Annie: Erinnerung eines Mädchens. Suhrkamp Verlag, Berlin 2018
»Annie Ernaux, ›fille de rien‹, grand écrivain«, Le Monde, 29.03.2016
»Annie Ernaux: ›Il n'y a pas de nouveau monde, ça n'existe pas‹«, Libération, 09.12.2018
»Ich fühle mich schuldig«, Die Zeit, 10.10.2018

VIVIENNE WESTWOOD:
»Kauft weniger!«, Süddeutsche Zeitung Magazin, 27.02.2012
Westwood, Vivienne & Kelly, Ian: Vivienne Westwood. Eichborn Verlag, Köln 2014
Tucker, Lorna: Westwood: Punk. Ikone. Aktivistin, GB, 2018, 84 min.
»Punk ging nicht über die Mode hinaus«, Die Zeit, 23.08.2013
Watson, Linda: Vogue On, Vivienne Westwood. Collection Rolf Heyne, München 2014
»Kauft weniger!« spiegel.de, 20.02.2012

ELFIE SEMOTAN:
Kultursalon, 02.10.2017
Semotan, Elfie, Eine andere Art von Schönheit. Christian Brandstätter Verlag, Wien 2016

Semotan, Elfie: Ausstellung »Contradiction«, C/O Berlin, youtube.com
»Fotografin Elfie Semotan: ›Ich bin doch nicht gebrechlich‹«, Profil, 16.03.2016
»Ab 19 zerbricht Dummheit die Schönheit«, Süddeutsche Zeitung Magazin, 29.02.2016

ÉLISABETH BADINTER:
»Against Nature«, The New Yorker, 18.07.2011
Badinter, Élisabeth: Die Mutterliebe. Deutscher Taschenbuch Verlag, München 1985
»Élisabeth Badinter: ›Wir müssen dem Fanatismus die Stirn bieten‹«, Philosophie Magazin, März 2016
»Le combat du voile est perdu dans l'espace public«, L'Express, 27.09.2018
Brut, france tv publicité
»Élisabeth Badinter«, L'Express, 01.05.2006
Badinter, Élisabeth: Der Konflikt. Die Frau und die Mutter. Deutscher Taschenbuch Verlag, München 2012
»Frauen sind keine Schimpansen«, Der Spiegel, 23.08.2010
Schwarzer, Alice (Hg.): Die Gotteskrieger und die falsche Toleranz. Kiepenheuer & Witsch, Köln 2002
»In Cafés sitzen keine Frauen mehr«, Frankfurter Allgemeine Zeitung, 11.12.2017
»Es muss einem egal sein, ob man als islamophob abgestempelt wird«, profil, 24.05.2017
»Es gibt nicht die Mutter und nicht das Kind … also auch nicht die Mutterliebe«, Zeit Wissen, 04.11.2016

ALICE NKOM:
»Color of Pride: Alice Nkom is one of the only lawyers in Cameroon fighting for queer«, lgbtqnation.com, 11.06.2019
»Die Pionierin«, amnesty.de, 28.01.2014
»Mein größter Feind ist die Ignoranz«, Frankfurter Allgemeine Zeitung, 21.03.2014
»Das Charisma der Alice Nkom«, amnesty.de, 03.06.2014
»Mutter Courage und ihre schwulen Kinder«, reformiert.info, 24.06.2015
»Eine unerschrockene Frau«, Heinrich Böll Stiftung, 13.05.2014
»Sie kämpft für die Rechte Homosexueller«, Focus, 01.02.2014
»Sie leben in der Hölle«, Deutschlandfunk, 17.03.2014
»Alice Nkom: Menschenrechtspreis für den Kampf gegen Diskriminierung«, Brigitte, 04.03.2014
»Homosexualité en Afrique – Céline Metzger«, TV5Monde
»Alice Nkom, l'avocate de la différence«, Le Temps, 04.03.2014

HELEN MIRREN:
sueddeutsche.de
»Ich sollte ein Buch über Sex schreiben«, Die Zeit, 07.01.2010, instagram.com
»Helen Mirren: ›Do I feel beautiful? I hate that word‹«, The Guardian, 26.09.2015
Mirren, Helen: In the Frame. My Life in Words and Pictures. Atria Books, New York 2007
»Ich habe es immer gehasst, Brüste zu haben«, Icon, 04.04.2018
»Helen Mirren im Interview«, Brigitte Woman, 10/11
»Drama-Queen«, spiegel.de, 26.07.2015

»Here she comes«, Die Zeit, 04.04.2012
»Helen Mirren On The Candid Advice She'd Give Her Younger Self«, Vogue UK, 04.04.2019

MARINA ABRAMOVIĆ:
Matthew Akers, Jeffrey Dupre: Marina Abramović: The Artist Is Present, USA, 2012, 106 min.
Abramović, Marina: Durch Mauern gehen. Luchterhand Literaturverlag, München 2016
»Der Körper ist ein Spiegel des Kosmos«, Die Zeit, 03.11.2016

CARLA DEL PONTE:
»Wer sich fürchtet, ändert nichts«, Die Zeit, 11.07.2018
Del Ponte, Carla: Im Namen der Anklage. Fischer Taschenbuch, Frankfurt am Main 2010
»Carla Del Ponte zum Syrien-Konflikt: ›Man sollte Erdogan wegen Kriegsverbrechen anklagen‹«, Aargauer Zeitung, 26.10.2019
»Ich fürchte mich schon lange nicht mehr«, Der Tagesspiegel, 15.01.2012
»Mir reicht es, ich spiele Golf«, Zenith, 20.6.2018
SRF, Sternstunde Philosophie, 08.02.2015
Del Ponte, Carla: Im Namen der Opfer. Giger Verlag, Altendorf 2018
TeleTop, 08.05.2018
»Carla Del Ponte – die Furchtlose«, seniorweb.ch, 01.09.2019

SHIRIN EBADI:
Cojean, Annick: Was uns stark macht. Aufbau Verlag, Berlin 2019
»Der Staat hat Angst vor seinen Bürgern«, spiegel.de, 26.01.2019
Ebadi, Shirin: Bis wir frei sind. Piper Verlag, München 2016
»Ein Analphabet zählt mehr als eine Ministerin«, Süddeutsche Zeitung, 14.07.2011
»An Todesdrohungen habe ich mich längst gewöhnt«, Die Zeit, 24.01.2019

MARIANNE BIRTHLER:
»Ein richtiges Leben im falschen«, Die Zeit, 07.04.2014
Birthler, Marianne: Halbes Land. Ganzes Land. Ganzes Leben. Hanser Berlin, Berlin 2014
»Marianne Birthler im Gespräch«, Hanser Verlag, 12.02.2014, youtube.com
November 1989/Reden, dhm.de/archiv
Gerster, Petra (Hg.): Es wächst zusammen ...: Wir Deutschen und die Einheit. Lingen, Köln 2010
Riverboat, MDR, 19.08.2014

Literaturnachweise

BÜCHER:
Abramović, Marina: Durch Mauern gehen, Luchterhand Literaturverlag, München 2016
Atwood, Margaret: Die eßbare Frau, Fischer Taschenbuch Verlag, Frankfurt am Main 1990
Atwood, Margaret: Der Report der Magd, Piper Verlag, München 2018
Bader Ginsburg, Ruth: Pocket RBG

wisdom, Hardie Grant Books, London 2019
Badinter, Élisabeth: Die Mutterliebe, Deutscher Taschenbuch Verlag, München 1985
Badinter, Élisabeth: Der verschleierte Verstand, in: Schwarzer, Alice (Hg.): Die Gotteskrieger und die falsche Toleranz, Kiepenheuer & Witsch, Köln 2002
Badinter, Élisabeth: Der Konflikt. Die Frau und die Mutter. Deutscher Taschenbuch Verlag, München 2012
Badinter, Élisabeth: Maria Theresia, die Macht der Frau, Paul Zsolnay Verlag, Wien 2017
Battaglia, Letizia: Photograph as a Life Choice, Marsilio Editori, Venedig 2019
Birthler, Marianne: Halbes Land. Ganzes Land. Ganzes Leben, Hanser Verlag, Berlin 2014
Cojean, Annick: Was uns stark macht. Aufbau Verlag, Berlin 2019
Del Ponte, Carla: Im Namen der Anklage, Fischer Taschenbuch, Frankfurt am Main, 2010
Del Ponte, Carla: Im Namen der Opfer, Giger Verlag, CH-Altendorf 2018
Ebadi, Shirin: Bis wir frei sind, Piper Verlag, München 2016
Ernaux, Annie: Erinnerung eines Mädchens, Suhrkamp Verlag, Berlin 2018
Ernaux, Annie: Eine Frau, Suhrkamp Verlag, Berlin 2019
Ernaux, Annie: Der Platz, Suhrkamp Verlag, Berlin 2019
Ernaux, Annie: Die Jahre, Suhrkamp Taschenbuch, Berlin 2019
Fonda, Jane: My Life So Far, Random House, New York 2005
Fonda, Jane: Selbstbewusst älter werden, Nymphenburger Verlag in der F.A. Herbig Verlagsbuchhaltung GmbH, München 2015
Friedewald, Boris: Meisterinnen des Lichts, Prestel Verlag, München 2018
Gerster, Petra (Hg.): Es wächst zusammen ...: Wir Deutschen und die Einheit, Lingen, Köln 2010
Gréco, Juliette: So bin ich eben. Erinnerungen einer Unbezähmbaren. C. Bertelsmann, München 2012
Hobday, Ruth & Blackwell, Geoff (Hg.): 200 Frauen, Elisabeth Sandmann Verlag, München 2017
Koelbl, Herlinde: Feine Leute, Greno Verlagsgesellschaft, Nördlingen 1986
Koelbl, Herlinde: Jüdische Porträts, S. Fischer Verlag, Frankfurt am Main 1989
Koelbl, Herlinde: Im Schreiben zu Haus, Knesebeck Verlag, München 1998
Koelbl, Herlinde + Sack, Manfred: Das deutsche Wohnzimmer, C J Bucher Verlag, München 2000
Koelbl, Herlinde: Schlafzimmer, Knesebeck Verlag, München 2002
Koelbl, Herlinde: Mein Blick, Steidl Verlag, Göttingen 2009
Koelbl, Herlinde: Refugees. Begleitheft zur Ausstellung im Literaturhaus München 2017
Knobloch, Charlotte: In Deutschland angekommen, Deutsche Verlags-Anstalt, München 2012
Mirren, Helen: In the Frame. My Life in Words and Pictures, Atria Books, New York 2007
Pelosi, Nancy: Know your Power, Anchor Books, Random House, New York 2008

Pluhar, Erika: Der Fisch lernt fliegen, Hoffmann und Campe, Hamburg 2000
Pluhar, Erika: Die öffentliche Frau, Residenz Verlag St. Pölten – Salzburg – Wien 2013
Pluhar, Erika: Die Stimme erheben, Residenz Verlag, Salzburg – Wien 2019
Semotan, Elfie: Eine andere Art von Schönheit, Christian Brandstätter Verlag, Wien 2016
Semotan, Elfie: Contradiction, Hatje Cantz Verlag, Berlin 2019
Servan-Schreiber, Perla: Les Promesses de l'âge. À 75 ans, ma nouvelle liberté, Flammarion, Paris 2018
Turner, Tina: My Love Story, Penguin Verlag, München 2018
Watson, Linda: Vogue On, Vivienne Westwood, Collection Rolf Heyne, München 2014
Westwood, Vivienne & Kelly, Ian: Vivienne Westwood, Eichborn Verlag, Köln 2014

Film-Dokumentationen:
Marina Abramović, The Artist Is Present, HBO, 2012
RBG, Ein Leben für die Gerechtigkeit, koch films, 2019
Westwood, Punk. Ikone. Aktivistin. NFP, 2018

Bildnachweis

akg-images, Berlin: Seite 127 (Album/Show of Force)
Amnesty International, Berlin: 115 (Henning Schacht)
Getty Images, München: 106 (Jean-Claude Deutsch/Paris Match); 109 (Françoise Duc Pages/Kipa/Sygma); 32 (Nikki Kahn/The Washington Post); 35 (Michael Kovac); 23 (Andre Sas/Gamma-Rapho)
Christina Häusler, Wien: 50, Umschlag (Erika Pluhar)
Imago Images, Berlin: 124 (Eastnews); 112, Umschlag (epd); 29 (HRSchulz)
Membran Music Ltd., Hamburg: 55
Isolde Ohlbaum, München: 66, Umschlag
picture-alliance, Frankfurt am Main: 130 (Pierre Albouy/Reuters); 44, Umschlag (Mario Anzuoni/Reuters); 74, Umschlag (Jörg Carstensen/dpa); 19 links, 20, Umschlag, 26, 41, 58, 61, 136 (dpa); 88 (Effigie/Leemage); 95 (Fotoreport/dpa); 92, Umschlag (Rich Fury/AP/Invision); 118, Umschlag (Armando Gallo/Zuma Press); 9, Umschlag (Horst Galuschka/dpa); 47 (Carol Guzy/Zuma Press); 147 (Yves Herman/Reuters); 100 (Georg Hochmuth/APA/picturedesk.com); 38 (Taylor Jewell/AP Photo); 70, 144 (Dylan Martinez/Reuters); 19 rechts, 77 (Photoshot); 103 (Roland Schlager/APA/picturedesk.com); 85 (Patrick Semansky/AP Photo); 121 (Hal Shinnie/© HBO/Everett Collection); 141 (Bernd von Jutrczenka/dpa); 82 (Susan Walsh/AP Photo)